ROSS DOBSON

GRILL IT!
VEGETARISCH

ROSS DOBSON

GRILL IT!
VEGETARISCH

Übersetzt von Carla Gröppel-Wegener

Hölker Verlag

INHALT

EINFÜHRUNG

Es sollte heutzutage nicht mehr allzu schwerfallen, sich zu vegetarischen Rezepten inspirieren zu lassen: Werft beim nächsten Mal, wenn ihr in einem südostasiatischen, chinesischen, indischen, japanischen oder orientalischen Restaurant esst, einfach mal einen genaueren Blick auf das Menü. Der Vegetarianismus hat in diesen Kulturen eine lange Geschichte. Und die entsprechenden Zutaten für exotische Gerichte sind heute so leicht erhältlich wie niemals zuvor.

Beim vegetarischen Grillen geht es nicht darum, das Rad neu zu erfinden. Und ganz bestimmt geht es auch nicht darum, einfach das Fleisch zu ersetzen. Einige wunderbare vegetarische Spezialitäten sind sogar traditionell für den Grill bestimmt. Baba Ghanoush, der berühmte Auberginendip des Nahen Ostens, kann nicht zubereitet werden, ohne die Aubergine im direkten Feuer zu garen. Ihre schwarz-violette Haut widersteht der sengenden Hitze des Grills, während das Fruchtfleisch gart, eine seidig-weiche Konsistenz und das typische Räucheraroma bekommt.

Und dann sind da noch gegrillte Zwiebelringe, die hier in Australien häufig zu Beginn eines Barbecues zubereitet werden, weil es etwas länger dauert, bis sie golden, karamellisiert und wunderbar weich sind. Sie erfüllen die Luft mit einem unwiderstehlich süßen Duft, der jedem das Wasser im Mund zusammenlaufen lässt, gleichzeitig geben die Zwiebeln ihren Geschmack auch an die Hotplate ab und aromatisieren so die nächste Portion Grillgut. Diese gegrillten Zwiebelringe sind schon an sich einfach köstlich, doch wenn man sie noch warm mit etwas Zitronensaft, Sojasauce und Mirin vermischt, hat man ohne großen Aufwand eine ganz außergewöhnliche Speise gezaubert.

Nicht zu vergessen die simple Pellkartoffel, die in Alufolie gewickelt vorzüglich über heißer Glut gegart werden kann. Dann schneidet man sie einfach auf, zerdrückt das Innere mit etwas Butter, Crème fraîche oder Labneh, würzt es mit einer Prise Salz und streut zum Schluss noch einige frische Kräuter wie Petersilie, Kerbel, Estragon oder Schnittlauch darüber.

Es hat etwas Magisches an sich, wenn Essen auf dem Grill zischt und brutzelt und dabei ganz unwiderstehlich duftet. Besser kann schnelle, einfache Küche nicht sein.

Schauen wir einmal auf den Djemaa el-Fna, den mittelalterlichen Marktplatz in Marrakesch. Tagsüber handelt es sich um ein wimmelndes Labyrinth aus Ständen, an denen eigentlich alles verkauft wird – vom Orangensaft bis hin zu Lederrucksäcken – und wo Schlangenbeschwörer, Scharlatane und Zauberer um Aufmerksamkeit heischen. Abends verwandelt sich dieser Markt in die größte Grillparty der Welt – zumindest in meiner Vorstellung. Hunderte Imbissstände werden mit Lichterketten beleuchtet und erscheinen umhüllt von dichtem Rauch, der von diversen Grills in den nächtlichen Himmel steigt, sogar noch romantischer. Dieser Platz ist derart einzig-

artig, dass er von der UNESCO auf die Liste der Meisterwerke des mündlichen und immateriellen Erbes der Menschheit gesetzt wurde.

Der Aw-Taw-Kaw-Markt in Bangkok ist dank seiner dampfenden Woks und Hotplates, auf denen köstliches Grillgut brutzelt, ähnlich berühmt. Hier werden die Metallspieße für orientalischen Kebab durch fernöstliche Bambusstäbchen ersetzt; und ihr werdet Spezialitäten beider Küchen in diesem Buch finden.

Im Grunde genommen könnt ihr jegliches Gemüse auf Spieße stecken. Tomaten, Zucchini und Auberginen eignen sich ganz hervorragend. Denkt daran, dass härtere Wurzelgemüse vorgekocht werden müssen, sonst verbrennen sie auf dem Grill, noch bevor sie gar sind. Außerdem sorgen Käsewürfel einer festen Sorte wie Halloumi oder indischem Paneer für eine köstliche Abwechslung auf Veggie-Spießen. Wenn der Käse golden und das Gemüse zart ist, schmeckt man sie lediglich mit frischen Kräutern und einem säuerlichen Dressing ab.

Ich liebe es, meinen neuen Grill wie eine Art Ofen zu verwenden. Die meisten Grills haben einen Deckel. Meiner ist mit rostfreiem Stahl ummantelt, sodass er Hitze hervorragend leitet und sie ebenso gut wieder abstrahlt. Um Brot zu backen oder Gemüse und Käse schön zu bräunen, solltet ihr euren Grill und die Hotplate auf hohe Temperatur vorheizen und beim Garen mit dem Deckel verschließen. Auf dem Grillthermometer könnt ihr dann sehen, wie die Temperatur ansteigt. Der Grill arbeitet nun so ähnlich wie ein Backofen. Um Brote besonders authentisch zu backen, könnt ihr einen Metallrost auf den Grill oder die Hotplate legen, damit sie keine direkte Hitze abbekommen. Vor allem Fladenbrote lassen sich auf diese Art und Weise hervorragend zubereiten. Aber keine Sorge – wenn euer Grill keinen Deckel hat, könnt ihr euch auch mit einer großen umgedrehten Metallschüssel oder einem tiefen Blech behelfen.

Es lassen sich so viele Dinge auf dem Grill zubereiten! Saucen könnt ihr in kleinen hitzebeständigen Töpfen direkt auf dem Grill garen. Auf einem Stück Backpapier lässt sich allerhand – vor allem weiche Zutaten wie Tomaten und Käse – ganz ohne Sauerei grillen. Und das Papier kann man an den Seiten hochheben, um das heiße Grillgut direkt in eine Schüssel oder auf einen Teller gleiten zu lassen. Eingewickelt in Alufolie oder Backpapier lassen sich Lebensmittel auf dem Grill sogar dämpfen.

Verwendet immer qualitativ hochwertige, saisonale und frische Zutaten, orientiert euch an den klassischen Geschmackskombinationen, probiert aber ruhig die eine oder andere Variation aus, damit das Ganze auch interessant bleibt. So kann nichts schiefgehen. Wenn ihr mit der vegetarischen Küche schon ein klein wenig vertraut seid, wisst ihr es bereits. Wenn nicht, werdet ihr dem hoffentlich zustimmen, nachdem ihr einige Rezepte aus diesem Buch gekostet habt: Vegetarisches hat definitiv einen Platz auf dem Grill verdient.

GRILLGERÄTE

Beim Garen vegetarischer Zutaten auf dem Grill entsteht verglichen mit Fleisch relativ wenig Rauch und der Grill wird nur gering verschmutzt. Man ist also flexibler. Trotzdem probiere ich Rezepte für meine Barbecue-Kochbücher vorsichtshalber immer auf meiner alten Veranda aus. Es kommt häufig vor, dass ich die Rezepte im Winter entwickele und wegen der Abgabetermine die Grillsaison einleite, noch bevor es draußen sonnig und warm ist. Das Tolle an den vegetarischen Rezepten in diesem Buch ist, dass sie bei nassem oder kaltem Wetter einfach drinnen auf einem elektrischen Grill oder einer Hotplate zubereitet werden können. Allerdings geht dabei der gemeinschaftliche Aspekt des Barbecues komplett flöten, und ich nehme einfach mal an, dass ihr gewöhnlich unter freiem Himmel grillt.

Hier könnt ihr die wichtigsten Vor- und Nachteile der unterschiedlichen Geräte nachlesen, die zum Grillen zur Auswahl stehen.

Elektrisch
Elektrische Grills sind meistens mobil und praktisch – ideal geeignet für Menschen, die in einem Apartment wohnen. Wenn ihr über einen Balkon verfügt, könnt ihr für das authentische Outdoor-Feeling sogar draußen grillen. Diese Geräte haben aber auch ihre Nachteile: In elektrische Grills ist häufig ein Thermostat integriert, das die Hitze automatisch abschaltet. Das bedeutet, ihr selbst könnt die Hitze nicht so gut regulieren. Für das Grillen nicht ideal.

Gas
Beim Garen mit Gas lässt sich die Hitze insgesamt hervorragend kontrollieren und diese Kontrolle ist beim Grillen sehr wichtig. Ein mit Flüssiggas betriebener Grill kann allerdings niemals im Haus verwendet werden. Ein weiterer Nachteil ist, dass man immer sicher sein muss, ausreichend Gas vorrätig zu haben, um den Tank gegebenenfalls nachfüllen zu können. Das ist manchmal etwas lästig und auch nicht gerade billig. Einige besonders luxuriöse Grills für draußen können direkt an die Gasleitung angeschlossen werden.

Holz
Das Grillen mit Holzchips erfordert Aufmerksamkeit, macht aber viel Spaß und führt zu unvergleichlichen Resultaten. Die Hitze dabei stabil zu halten bzw. zu kontrollieren, ist allerdings etwas schwieriger. Man braucht Übung und Erfahrung, um einen mit Holz befeuerten Grill zu beherrschen. Solche Geräte sind ideal zum Outdoor-Grillen in einem großen Garten. Da sie in der Regel aus Ziegeln gemauert sind, sind sie alles andere als mobil – eine offensichtliche Einschränkung.

Kohle
Kohlegrills sind kompakt und mobil und damit recht praktisch. Sie sind in den verschiedensten Größen und mit unterschiedlichen Funktionen erhältlich. Ebenso wie mit Gas betriebene Grills können sie nicht in geschlossenen Räumen verwendet werden, für den Garten oder selbst einen kleinen Balkon sind sie aber hervorragend geeignet.

Kleine Kohlegrills können in die Mitte des Tisches gestellt werden. So wird das Grillen noch mehr zu einem interaktiven Gemeinschaftserlebnis.

DIPS & CO.

Häufig sind es die kleinen Dinge, die Extras, die uns von einem Barbecue in Erinnerung bleiben. Die Dinge, die bereits bei Ankunft der Gäste auf dem Tisch stehen, die wir oft ganz zu Beginn sehen und kosten. Einige davon versuchen wir zu vergessen, wie den mit Zwiebelsuppenpulver vermischten Becher Schmand, den man uns als „Zwiebel-Dip à la française" anpries. Wobei ich in diesem Zusammenhang nicht von Kochen sprechen würde…

Und wie oft hören wir „Das war der beste Dip!", „Welche Zutaten waren in dieser Sauce?" oder „Ich brauche unbedingt das Rezept für dieses Dressing!"?

Beim Grillen geht es immer auch um ein gemeinschaftliches Erlebnis. Damit das Essen von allen gleichermaßen genossen werden kann, sollte ein Barbecue gut vorbereitet sein und schon beim Eintreffen der Gäste eine entspannte Atmosphäre herrschen. Dann assoziieren wir mit diesem Event Sonne, Ausgelassenheit und Spaß.

Bei den meisten Rezepten in diesem Kapitel kommt der Grill zum Einsatz. Mit Ausnahme einiger weniger Salatdressings finde ich es sehr wichtig, dass wenigstens ein Teil der Zubereitung auf dem Grill stattfindet. Wenn ihr ausreichend Platz und Zeit habt und das Wetter es zulässt, könnt ihr diese Dips und Salsas auch gleich neben dem Grill vorbereiten. Dort könnt ihr den Kürbis schälen und stampfen, ein wenig arabische Gewürzmischung über heißes Fladenbrot streuen, goldfarbene Maiskörner unter Schmand heben und sogar eure Gäste bitten, die Zutaten für eine frische Salsa zu vermengen.

KÜRBISDIP MIT SCHWARZEN BOHNEN & FETA

Für 8–10 Personen

1 Butternusskürbis, etwa 1,5 kg
2 EL Olivenöl
1 TL gemahlene
    Kreuzkümmelsamen
½ TL Cayennepfeffer
400 g schwarze Bohnen (Dose),
    abgespült und gut abgetropft
100 g Feta, zerbröselt
1 kleine Handvoll Koriander,
    Blätter und Stängel gehackt
½ TL Meersalz

AUSSERDEM
Natives Olivenöl extra zum
    Beträufeln
Geröstetes Brot zum Servieren

Die Zubereitung dieses Dips ist ein Kinderspiel. Ihr gart einen schönen Kürbis einfach so lange auf dem Grill, bis seine Schale rundherum geschwärzt ist. Abhängig von Größe und Form des Kürbisses dauert das etwa 1 Stunde – mal mehr, mal weniger. Die Inspiration für diesen Dip war mein Barbie-Ghanoush-Rezept: Hier wird eine ganze Aubergine auf dem Grill gegart. Das entsprechende Rezept findet ihr auf S. 25. Schaut es euch gleich mal an.

Den Grill auf mittelhohe Temperatur vorheizen.

Den Kürbis auf den Grill legen und – wenn vorhanden – den Deckel verschließen, alternativ mit einer umgedrehten Metallschüssel abdecken. Etwa 1 Stunde garen, den Kürbis dabei häufig wenden, damit die Schale von allen Seiten gleichmäßig schwarz wird. Den Kürbis vom Grill nehmen und leicht abkühlen lassen.

Wenn man ihn ohne Probleme anfassen kann, die zähe Schale entfernen und entsorgen. Den Kürbis dann der Länge nach halbieren und die Kerne mit einem Löffel aus der Mitte entfernen.

Das Fruchtfleisch grob hacken und in eine große Schüssel füllen. Olivenöl, Kreuzkümmel, Cayennepfeffer, Bohnen, Feta, Koriander und Salz hinzufügen und mit einer Gabel untermischen. Zum Servieren Olivenöl darüberträufeln und auf dem Grill geröstetes Brot dazu reichen.

HINWEIS: Im Kühlschrank hält sich dieser Dip in einem luftdicht verschlossenen Behälter 2–3 Tage.

CHIMICHURRI

Bei Chimichurri handelt es sich um eine argentinische Salsa verde oder besser gesagt: eine grüne Sauce. Allerdings ist sie etwas ungeschliffener als ihre europäischen Entsprechungen. Manche sagen, Chimichurri sollte so schmecken, als wäre sie durch einen Kräutergarten geschleift worden.

1 große, reife Tomate
4 Frühlingszwiebeln
4 Knoblauchzehen, ungeschält
6 Handvoll grob gehackte glatte Petersilie
2 Handvoll Koriander, Blätter und Stängel gehackt
½ TL getrockneter Griechischer Oregano (siehe Hinweise)
½ TL Meersalz
60 ml Olivenöl
60 ml Weißweinessig
Gegrillte Kartoffelspalten zum Servieren (siehe Hinweise)

Den Grill auf hohe Temperatur vorheizen.

Tomate, Frühlingszwiebeln und Knoblauch auf den Grillrost legen. Mit einer Grillzange aus Metall häufig wenden, bis das Gemüse rundherum beinahe schwarz ist. Vom Grill nehmen und abkühlen lassen.

Sobald sie abgekühlt sind, Gemüse und Knoblauch schälen. Wenn noch ein wenig Schale am Fruchtfleisch zurückbleibt, ist das kein Problem – so bekommt die Chimichurri eine rauchige Note.

Das Gemüse zusammen mit dem Knoblauch in der Küchenmaschine zerkleinern. Die frischen Kräuter, Oregano und Salz hinzufügen und mixen.

Bei laufender Maschine zuerst das Olivenöl und anschließend den Essig zugießen, sodass eine glatte Sauce entsteht.

Als Dip zu gegrillten Kartoffelspalten servieren oder als Sauce über gegrillte Auberginen geben.

HINWEISE: Im Kühlschrank hält sich die Chimichurri in einem luftdicht verschlossenen Behälter 2–3 Tage.

Ich bevorzuge Griechischen Oregano, der im Bund verkauft wird. Er ist süßer und schmeckt nicht so nach Arznei wie das abgepackte Zeug.

Vor dem Grillen sollten die Kartoffelspalten zunächst gekocht werden, bis sie fast weich sind. Anschließend abgießen und die Kartoffeln ausgebreitet auf einer Platte vollständig abkühlen lassen. Kurz vor dem Servieren von allen Seiten ein paar Minuten bei hoher Hitze grillen.

RAUCHIGE SALSA MIT TOMA-TEN, KNOBLAUCH & LIMETTE

Für 4–6 Personen

4 reife Strauchtomaten
2 große grüne Chilischoten, in
   feine Ringe geschnitten
2 Knoblauchzehen, grob gehackt
2 EL Limettensaft
½ TL Meersalz
1 TL feinster Zucker
30 g Frühlingszwiebeln, in feine
   Ringe geschnitten
1 Handvoll Koriander, Blätter
   und Stängel gehackt
Bio-Maischips zum Servieren

Die Thai-Küche war eine meiner ersten kulinarischen Lieben und dieses Rezept gehört zu den ältesten meines Repertoires. Im Original enthält die Salsa neben dem Limettensaft noch Fischsauce, aber auch in dieser veganen Variante ist sie superlecker.

Grill und Hotplate auf hohe Temperatur vorheizen.

Die Tomaten unter häufigem Wenden auf dem Grill garen, bis die Haut Blasen wirft und schwarz wird. Vom Grill nehmen und leicht abkühlen lassen.

Die Stielansätze entfernen und entsorgen. Die Tomaten halbieren und vorsichtig einen Teil des Safts und der Samen herausdrücken.

Die ungeschälten gegrillten Tomatenhälften zusammen mit Chilischoten und Knoblauch in der Küchenmaschine pürieren und die Masse dann in eine Schüssel füllen. Limettensaft, Salz, Zucker, Frühlingszwiebeln und Koriander untermischen. Gegebenenfalls mit Salz abschmecken.

Die Maischips locker in Alufolie wickeln und als kleine Päckchen für einige Minuten auf die Hotplate legen, um die Chips anzuwärmen.

Die warmen Maischips zur Salsa servieren.

**GRILL IT!
VEGETARISCH**

ARABISCHE GEWÜRZMISCHUNG

Ergibt ca. 120 g

Dies ist meine vereinfachte Version der im Nahen Osten beliebten Gewürzmischung Za'atar. O.k., für diese Gewürzmischung wird nichts auf dem Grill gegart, sie passt aber so hervorragend zu Gegrilltem, dass sie in diesem Buch nicht fehlen durfte. Sie schmeckt besonders köstlich, wenn man sie über geröstetes Brot mit frischen Tomatenscheiben streut.

2 EL Sesamsamen
2 EL getrockneter Thymian
2 EL Sumak (siehe Hinweise)
1 TL Meersalz

AUSSERDEM
Gegrillte Fladenbrote zum
    Servieren
Natives Olivenöl extra zum
    Servieren

Die Sesamsamen in einer kleinen Pfanne ohne Fett bei mäßiger Hitze goldbraun rösten. Die Pfanne dabei regelmäßig schwenken, sodass die Sesamsamen gleichmäßig bräunen. Zum Abkühlen in eine Schüssel geben.

Die gerösteten Sesamsamen zusammen mit Thymian, Sumak und Salz in der Gewürzmühle grob vermahlen. Alternativ mit Mörser und Stößel zu einem groben Pulver zerstoßen.

Über die auf dem Grill gerösteten und in Olivenöl getunkten Fladenbrote streuen und gleich genießen.

HINWEISE: Reste der Gewürzmischung halten sich in einem luftdicht verschlossenen Behälter an einem kühlen, dunklen Ort mehrere Monate. Allerdings verliert die Gewürzmischung mit der Zeit ihr intensives Aroma und sollte daher möglichst innerhalb weniger Wochen verbraucht werden.

Bei Sumak handelt es sich um ein Gewürz, das aus den violetten Beeren einer gleichnamigen Pflanze gemahlen wird. Es hat einen angenehm adstringierenden, zitronenartigen Geschmack und wird in der Küche des Nahen Ostens gerne verwendet. Sumak ist in türkischen Supermärkten und in Gewürzläden erhältlich.

19

DIPS & CO.

SALSA MIT GRÜNEN TOMATEN & KAPERN

Für 6–8 Personen

4 grüne Tomaten, entkernt, Fruchtfleisch fein gewürfelt
80 g Kapern, gehackt
1 rote Zwiebel, fein gewürfelt
60 ml Weißweinessig
½ TL Meersalz
½ TL feinster Zucker
1 kleine Handvoll Koriander, Blätter und Stängel fein gehackt
1 kleine Handvoll Minze, fein gehackt

AUSSERDEM
Gegrillter Halloumi zum Servieren

Diese Salsa, oder Sauce, schmeckt hervorragend auf gegrilltem Halloumi, Tofu oder festem Mozzarella. Ihr könnt aber auch Maischips auf einen Servierteller verteilen und diese Salsa einfach mit ein bisschen Schmand darübergeben. Sehr lecker.

Alle Zutaten in einer Servierschüssel vermischen. Mit Frischhaltefolie abdecken und 30 Minuten ziehen lassen, damit sich die Aromen entwickeln können.
    Zimmerwarm servieren.

HINWEIS: Im Kühlschrank hält sich die Salsa in einem luftdicht verschlossenen Behälter 2–3 Tage.

JALAPEÑO JAM

Wenn ihr Chili mögt, ist diese Konfitüre euer Ding. Sehr lecker auf geröstetem Brot mit etwas Hüttenkäse, um die Schärfe zu mildern. Oder wie wäre es mit einem gegrillten Sandwich? Dazu bestreicht ihr zunächst einen weichen Tortillafladen mit Jalapeño Jam, bröselt etwas Feta darüber, legt einen zweiten Fladen auf und lasst das Ganze dann von beiden Seiten auf der Hotplate goldbraun und knusprig werden.

500 g grüne Chilischoten
  (ca. 24 Stück)
2 Knoblauchzehen
270 g in Essig eingelegte
  Jalapeño-Scheiben (Glas)
½ TL Meersalz
220 g Zucker

AUSSERDEM
Geröstetes Brot zum Servieren
**Gegrilltes Gemüse zum
  Servieren**

Die Hotplate des Grills auf hohe Temperatur vorheizen.

Die Chilischoten komplett (ohne die Enden abzuschneiden) auf der Hotplate verteilen und 10–15 Minuten grillen. Dabei regelmäßig mit einer Grillzange wenden und die Schoten vom Grill nehmen, sobald die Haut Blasen wirft und beginnt, schwarz zu werden.

Etwas abkühlen lassen und dann so viel wie möglich von der geschwärzten Haut entfernen.

Die Stängel der geschälten Chilischoten herausziehen und entfernen. Die Chilischoten grob hacken, dann zusammen mit dem Knoblauch in eine Schüssel geben. Die eingelegten Jalapeños inklusive der Flüssigkeit hinzufügen und das Ganze fein pürieren.

Die Masse in einen mittelgroßen Topf geben, Salz und Zucker untermischen. Aufkochen und bei niedriger Temperatur unter gelegentlichem Rühren 30 Minuten köcheln lassen, bis die Masse sehr dickflüssig ist und klebrig aussieht. Um zu überprüfen, ob die Konfitüre fertig ist, gebt ihr einen kleinen Löffel davon auf einen kalten Teller und zieht dann einen Finger durch die Konfitüre. Wenn die Masse nicht wieder zusammenläuft, ist die Konfitüre fertig.

Mit gegrilltem Gemüse und geröstetem Brot servieren.

HINWEIS: Im Kühlschrank hält sich die Konfitüre in einem luftdicht verschlossenen Behälter bis zu 10 Tage.

MUHAMMARA

Für 8–10 Personen

3 große rote Paprikaschoten
35 g Walnusskerne
1 TL gemahlene
   Kreuzkümmelsamen
½ TL Cayennepfeffer
2 EL Granatapfelsirup
2 EL Zitronensaft

In Syrien gibt es viele Varianten dieses Dips. Die Kombination aus gerösteten roten Paprikaschoten, Walnüssen und Granatapfelsirup findet man allerdings auch in den Küchen anderer Länder des Nahen Ostens, vor allem in der Türkei und im Libanon. Traditionell enthält dieser Dip Semmelbrösel. In meinem Rezept lasse ich sie aber weg, sodass diese Version auch für Menschen geeignet ist, die kein Gluten vertragen.

Den Grill auf hohe Temperatur vorheizen.

Die ganzen Paprikaschoten unter mehrmaligem Wenden 10–15 Minuten grillen, bis die Haut Blasen wirft und schwarz wird. Vom Grill nehmen und abkühlen lassen.

Anschließend die Paprikaschoten häuten und die angebrannte Haut entsorgen. Die geschälten Schoten halbieren, Samen und Scheidewände entfernen.

Das Fruchtfleisch zusammen mit den übrigen Zutaten im Standmixer zuerst grob zerkleinern und dann pürieren, bis eine dicke Creme entsteht.

In eine Servierschüssel umfüllen und servieren.

HINWEIS: Im Kühlschrank hält sich dieser Dip in einem luftdicht verschlossenen Behälter ca. 1 Woche.

BARBIE GHANOUSH

Eigentlich heißt diese arabische Spezialität Baba Ghanoush. Meine Variante spielt auf die liebevolle Bezeichnung an, die wir in Australien anstelle von Barbecue verwenden: Barbie. Ich bin der Überzeugung, dass man die Aubergine unbedingt über offener Flamme garen muss, um den unverwechselbaren Geschmack dieses Dips zu erzielen. Wenn die Haut der Aubergine dabei leicht anbrennt, erhält auch das Fruchtfleisch einen rauchigen Geschmack – und das in ziemlich kurzer Zeit.

2 große Auberginen
2 TL Meersalz
60 ml Zitronensaft
3 Knoblauchzehen, zerdrückt
2 EL natives Olivenöl extra, plus
    etwas extra zum Beträufeln

AUSSERDEM
Geröstetes Fladenbrot zum
    Servieren

Den Grill auf hohe Temperatur vorheizen.

Die Auberginen mit einer Gabel mehrfach rundherum einstechen und dann auf dem vorgeheizten Grill 10–15 Minuten garen. Dabei häufig wenden, bis sie in sich zusammenfallen und zart sind. Vom Grill nehmen und auf einem Tablett abkühlen lassen.

Anschließend die Auberginen häuten. Das Fruchtfleisch in ein Sieb über einer Schüssel geben und etwa 15 Minuten zum Abtropfen beiseitestellen.

Das abgetropfte Fruchtfleisch zusammen mit Salz, Zitronensaft, Knoblauch und Olivenöl pürieren. Das Püree in eine Schüssel füllen und mit etwas Olivenöl beträufeln.

Zimmerwarm zu auf dem Grill geröstetem Fladenbrot servieren.

HINWEIS: Im Kühlschrank hält sich der Barbie Ghanoush in einem luftdicht verschlossenen Behälter 2–3 Tage.

25

DIPS & CO.

SPANISCHES DRESSING

Ergibt 225 ml

125 ml natives Olivenöl extra aus
    Spanien
2 EL Sherry-Essig
2 EL Zitronensaft
½ TL Meersalz

Sehr lecker für Salate oder über gegrilltem Käse.

Alle Zutaten zusammen in ein Einmachglas geben, den Deckel fest verschließen und das Ganze gut schütteln. Hält sich im Kühlschrank bis zu 2 Wochen. Vor jedem Gebrauch gut schütteln.

KNOBLAUCHCREME

Für 6–8 Personen

2 Knoblauchknollen, komplett
    und ungeschält
½ TL Meersalz
250 ml Reiskeimöl
2 Eigelb, zimmerwarm
1 TL Senfpulver
2 EL Zitronensaft

Diese fantastische Mayonnaise ähnelt einer Aioli und passt hervorragend zu gegrilltem Wurzelgemüse.

Die Hotplate auf mittelhohe Temperatur vorheizen.

Die beiden Knollen horizontal halbieren. Mit der Schnittseite nach oben jeweils auf ein Stück Alufolie setzen, etwas Salz darüberstreuen und mit ein wenig Öl beträufeln. Locker in ihr Folienstück einwickeln und auf die Hotplate setzen. 30 Minuten grillen, häufig wenden, bis der Knoblauch sehr weich ist.

Anschließend in der Folie abkühlen lassen. Die Knoblauchzehen aus der Haut drücken und direkt in einen Blender geben. Eigelbe, Senfpulver und Zitronensaft hinzufügen und mixen.

Bei laufender Maschine das übrige Öl allmählich in einem dünnen, gleichmäßigen Strahl zugießen, sodass eine dickflüssige Emulsion entsteht, die an Pudding erinnert. Ca. 60 ml warmes Wasser hinzufügen und untermischen, bis die Masse glatt und cremig ist.

Gut abgedeckt bis zu 3 Tage im Kühlschrank haltbar.

28

EINFACHE HOLLANDAISE

Einfach und unkompliziert ist diese Sauce hollandaise, weil das Rezept ohne Wasserbad auskommt und auch keinen riesigen Spülberg verursacht.

2 Eigelb, zimmerwarm
½ TL Meersalz
60 ml Reiskeimöl
125 g Butter
2 EL Estragon-Essig

Eigelbe und Salz im Standmixer miteinander verschlagen. Den Mixer laufen lassen und das Öl in einem dünnen, gleichmäßigen Strahl zugießen, bis die Mischung leicht andickt.

Die Butter in einen kleinen Topf geben und bei mäßiger Hitze zerlassen, bis sie Blasen wirft, aber noch nicht bräunt. Die heiße Butter in ein Kännchen füllen und bei laufender Maschine zur Eier-Mischung gießen. Den Essig hinzufügen und untermischen, bis eine gleichmäßige Hollandaise entstanden ist.

Die Hollandaise kann warm serviert oder luftdicht verschlossen im Kühlschrank bis zu 3 Tage aufbewahrt werden.

TSATSIKI

Für 8 Personen

Dieser Dip schmeckt am besten frisch und passt sehr gut zu Falafel – entweder ihr tunkt sie direkt hinein oder ihr streicht das Tsatsiki auf ein Fladenbrot, um darin leicht zerbröckelte Falafeln, frische Tomaten und knackigen Blattsalat einzuwickeln.

390 g griechischer Joghurt
   (10 % Fett)
2 Knoblauchzehen, zerdrückt
1 TL gemahlene
   Kreuzkümmelsamen
½ TL Meersalz
1 Minigurke, grob gerieben

Joghurt, Knoblauch, Kreuzkümmel und Salz in einer Schüssel gründlich verrühren. Die Gurke kurz vor dem Servieren untermischen.

29

DIP MIT GEGRILLTEM MAIS & CRÈME FRAÎCHE

Für 6–8 Personen

4 frische Maiskolben, am besten
    ungeschält
1 EL Reiskeimöl
2 TL Dijon-Senf
1 rote Zwiebel, in dicke Ringe
    geschnitten
1 kleine Handvoll Koriander,
    Blätter und Stängel gehackt,
    plus etwas zum Garnieren
3 EL gehackte glatte Petersilie
1 EL Weißweinessig
½ TL scharfe Chilisauce, plus
    etwas zum Beträufeln
1 TL Meersalz
370 g Crème fraîche

AUSSERDEM
Warmes Fladenbrot zum
    Servieren

Ich betreibe ein Café in einer Kunstgalerie. Wir haben diesen Dip dort zum Fotografieren zubereitet und anschließend den Angestellten serviert. Wow – er kam wirklich sehr gut an. Dazu gab es knuspriges Baguette: Alles war im Nullkommanichts verschlungen.

Den Grill auf hohe Temperatur vorheizen.

Die Blätter von den Maiskolben entfernen. Den Mais mit Öl und Senf bestreichen. Die Zwiebelringe von beiden Seiten mit Öl bestreichen. Mais und Zwiebelringe unter häufigem Wenden in 10–12 Minuten goldbraun grillen. Zum Abkühlen vom Grill nehmen.

Die Körner von den Kolben schneiden und in einen Standmixer geben. Die Zwiebelringe grob hacken und dann zusammen mit Koriander, Petersilie, Essig, Chilisauce und Salz zu den Maiskörnern geben. Mixen, bis alles gut vermengt, aber nicht zu fein püriert ist – es sollten noch kleine Stückchen im Dip vorhanden sein.

Die Maismischung kurz vor dem Servieren in einer Schüssel mit Crème fraîche verrühren. Noch etwas Chilisauce darüberträufeln, mit ein paar Blättern Koriander garnieren und zu warmem Fladenbrot servieren.

FINGERFOOD

Diese Kleinigkeiten genießt man in geselliger Runde. Sie sind super-lecker und voller Geschmack, wie es sich für Tapas, Fingerfood und Kanapees gehört. Auf dem Grill können sie für die unterschiedlichs-ten Anlässe zubereitet werden.

Egal, wie ihr es nennt, dieses leckere Fingerfood ist ruckzuck gegessen und macht Lust auf mehr. Für einen möglichst intensiven Genuss verwende ich gern viele Gewürze. Duftend und aromatisch, damit sie den Appetit anregen. Auch nicht zu vergessen sind Zitrusfrüchte, Chilischoten und frische Kräuter.

Vielleicht denkt ihr, „Käse" und „Grill" passen nicht zusammen. Dabei sind einige Sorten geradezu dafür gemacht – zum Beispiel der salzige und feste Halloumi, geräucherter Mozzarella, indischer Paneer oder maltesischer Gbejna. Diese Käse können auch gut mit anderen intensiven Aromen kombiniert werden. Sie können gewürfelt und aufge-spießt oder in Weinblätter gewickelt werden.

Das im Folgenden vorgestellte Fingerfood ist ideal, um eine Grillparty zu eröffnen. Bereitet eine Auswahl vor und lasst sie auf Platten angerichtet in der Runde herumgehen – so wird das Barbecue zu einem wahren Gemeinschaftserlebnis.

GEGRILLTE LOTUSWURZEL MIT JAPANISCHEM GEWÜRZSALZ

Für 4 Personen

300 g frische (alternativ
 tiefgekühlte) Lotuswurzel,
 geschält und in feine
 Scheiben geschnitten
2 EL Tamari (japanische
 Sojasauce)
1 TL Sesamöl

JAPANISCHES GEWÜRZSALZ
½ TL weiße Sesamsamen
½ TL schwarze Sesamsamen
2 TL Meersalz
¼ TL Cayennepfeffer
2 EL fein gehackte Nori
 (getrocknete Algen)

AUSSERDEM
Zitronenspalten zum Servieren

Wenn ihr frische Lotuswurzeln bekommt, solltet ihr sie unbedingt für dieses Rezept verwenden. Tiefgekühlte Lotuswurzeln sind in größeren Asialäden erhältlich. Sie lassen sich leichter in Scheiben schneiden als die frischen – und für gegrillte Lotuswurzeln müssen die Scheiben wirklich dünn sein. Ihr Geschmack lässt sich am besten als nussig und würzig beschreiben.

Die Lotuswurzelscheiben zusammen mit Sojasauce und Sesamöl in einer Auflaufform vermischen, sodass sie rundherum benetzt sind. Mit Frischhaltefolie abdecken und 3–6 Stunden im Kühlschrank marinieren lassen, dabei häufig wenden.

Für das japanische Gewürzsalz beide Sorten Sesamsamen und das Salz in eine kleine Pfanne geben und stark erhitzen, bis es raucht und der weiße Sesam und das Salz gerade eben Farbe bekommen. Dabei immer wieder schwenken und aufpassen, dass der Sesam nicht anbrennt, er wird sonst bitter.

Vom Herd nehmen und abkühlen lassen. Dann Cayennepfeffer und Nori untermischen. In einem luftdicht verschlossenen Behälter aufbewahren.

Den Grill auf hohe Temperatur vorheizen.

Die Lotuswurzelscheiben von beiden Seiten je 2–3 Minuten goldbraun grillen.

Zum Servieren mit etwas Gewürzsalz bestreuen und zum Beträufeln Zitronenspalten dazu reichen.

HINWEIS: In einem luftdicht verschlossenen Behälter kann das Gewürzsalz an einem kühlen, dunklen Ort bis zu 1 Monat aufbewahrt werden. Es schmeckt auch hervorragend zu Reis, Tofu, gekochten Eiern und Avocados.

GEGRILLTER MAIS MIT JALAPEÑO-LIMETTEN-PARMESAN-BUTTER

Für 4 Personen

Immer wenn ich von diesem Mais gegessen habe, wollte ich nichts anderes mehr.
Da hier nur wenige Zutaten verwendet werden, solltet ihr besonderen Wert auf deren Qualität legen, also: gute Butter, echter italienischer Parmesan.

In der Küchenmaschine alle Zutaten für die Jalapeño-Limetten-Parmesan-Butter cremig pürieren. In eine Schüssel füllen, mit Frischhaltefolie abdecken und bis zur Verwendung in den Kühlschrank stellen.

Den Grill auf hohe Temperatur vorheizen. Die gekühlte Jalapeño-Butter in kleine Würfel schneiden und Zimmertemperatur annehmen lassen.

Die gedrittelten Maiskolben 10–12 Minuten unter häufigem Wenden grillen, bis sie gebräunt und karamellisiert sind. In eine Schüssel geben, die Butterstückchen hinzufügen und das Ganze gut schwenken, sodass die Butter schmilzt und die gegrillten Maiskolben rundherum benetzt.

Die Maiskolben auf einer Servierplatte anrichten und die restliche Butter aus der Schüssel darüberträufeln.

Mit einigen Korianderblättern garnieren und mit Limettenspalten servieren.

HINWEIS: Ihr könnt diese Butter bis zu 1 Woche im Voraus zubereiten und im Kühlschrank aufbewahren oder sorgfältig in Frischhaltefolie verpackt bis zu 1 Monat einfrieren.

4 Maiskolben, jeweils in 3 Stücke geschnitten

JALAPEÑO-LIMETTEN-PARMESAN-BUTTER
125 g Butter, zimmerwarm
2 EL eingelegte Jalapeño-Chilischoten, gut abgetropft und gehackt
1 EL Limettensaft
25 g Parmesan, fein gerieben

AUSSERDEM
Koriander zum Garnieren
Limettenspalten zum Servieren

37

GEGRILLTE PANEER-SPIESSE

Für 4 Personen

400 g Paneer (indischer
   Frischkäse, siehe
   Hinweis S. 75)

WÜRZMISCHUNG
60 ml Reiskeimöl
2 TL getrockneter Thymian
2 TL getrockneter Oregano
2 TL spanisches Paprikapulver
   (pikant, geräuchert)
1 TL Cayennepfeffer
1 TL Meersalz

FRISCHES TOMATEN-RELISH
2 Roma-Tomaten, fein gewürfelt
1 kleine rote Zwiebel, fein
   gehackt
2 TL feiner brauner Zucker
2 EL Limettensaft
½ TL Selleriesamen
¼ TL Schwarzkümmelsamen
   (siehe Hinweis)

AUSSERDEM
Zitronenspalten zum Servieren

Paneer ist eine Art indischer Frischkäse. Habt ihr schon mal frischen Ricotta einige Tage im Kühlschrank stehen lassen? Er wird dann ziemlich fest, genauso wie Paneer – der übrigens auch in indischen Currys köstlich schmeckt. Unter Zugabe von Säure lässt er sich aus Milch ganz leicht selbst herstellen.

Die Zutaten für die Würzmischung in einer Schüssel gut vermischen und dann auf einem flachen Teller verteilen.

Den Paneer in 8 rechteckige Stücke à 1,5 x 6 cm schneiden – so ähnlich wie dicke Pommes frites – und in der Würzmischung wälzen. Mit Frischhaltefolie abdecken und im Kühlschrank mehrere Stunden ziehen lassen.

8 Bambusspieße 30 Minuten in kaltes Wasser legen.

In der Zwischenzeit alle Zutaten für das Tomaten-Relish in einer Schüssel vermischen und beiseitestellen, damit sich die Aromen entfalten können.

Den Grill auf hohe Temperatur vorheizen. Jedes Stück Paneer auf einen Bambusspieß stecken und dann 8–10 Minuten grillen. Dabei alle paar Minuten wenden, bis der Käse rundherum dunkelbraun und aromatisch ist. Sofort servieren. Tomaten-Relish und Zitronenspalten dazu reichen.

HINWEIS: Schwarzkümmelsamen sehen aus wie schwarze Sesamsamen, haben aber einen rauchig-scharfen Geschmack. In Indien, Ägypten und dem Nahen Osten werden sie häufig verwendet. Sie sind in Gewürzläden und häufig auch in Feinkostgeschäften erhältlich.

GEGRILLTER MOZZARELLA MIT TOMATEN-HONIG-ZIMT-KONFITÜRE

Ich werde nie vergessen, wie ich einmal ein italienisches Restaurant im Nirgendwo aufgesucht habe. Es wurde von Frauen aus Rom betrieben, die als Antipasto einen Teller mit gegrilltem geräuchertem Mozzarella servierten. Einfach köstlich! Hier ist meine Barbecue-Version.

Den Mozzarella in 8 jeweils ca. 1 cm dicke Scheiben schneiden. Mit Frischhaltefolie abdecken und bis zum Grillen kühl stellen.

Für die Konfitüre das Öl in einem kleinen Topf stark erhitzen. Die Zwiebel hinzufügen und 2–3 Minuten glasig dünsten. Den Zucker zufügen und das Ganze ca. 1 Minute unter Rühren erhitzen.

Die Tomaten vorsichtig hinzufügen. Den Zimt unterrühren und die Mischung bei mäßiger Hitze 5 Minuten unter häufigem Rühren köcheln lassen. Den Honig untermengen und alles weitere 10 Minuten köcheln lassen. Regelmäßig umrühren.

Den Grill oder die Hotplate auf hohe Temperatur vorheizen und leicht mit Öl bestreichen. Den Mozzarella ca. 1 Minute grillen, bis er an den Rändern gerade eben zu schmelzen beginnt, dann zügig wenden und 1 Minute von der anderen Seite grillen.

Noch heiß, mit einer ordentlichen Portion Konfitüre und mit gehackter Petersilie bestreut, servieren.

HINWEIS: Frischer Mozzarella kann nicht auf diese Weise zubereitet werden.

Den gegrillten Käse könnt ihr auch auf frischem Radicchio mit einem Klecks Konfitüre und bestreut mit Sesamsamen servieren.

500 g geräucherter Mozzarella (siehe Hinweis)

TOMATEN-HONIG-ZIMT-KONFITÜRE
1 EL Reiskeimöl
1 kleine rote Zwiebel, der Länge nach halbiert und dann in dünne Spalten geschnitten
1 EL Zucker
400 g Tomatenstücke (Dose)
½ TL Zimt
2 EL Honig

AUSSERDEM
Reiskeimöl für den Grill
Fein gehackte Petersilie zum Garnieren

41

FILORÖLLCHEN MIT HALLOUMI, MINZE & EINGELEGTEN ZITRONEN

Für 4–6 Personen

6 Blätter Filoteig à 44 x 28 cm
200 g Halloumi
2 EL fein gehackte Minzblätter
2 EL Olivenöl
12 dünne Streifen eingelegte
   Zitronenschale

AUSSERDEM
Meersalz zum Bestreuen
Zitronenspalten zum Servieren

Ich liebe Filoteig. Ich verwende ihn, um darin Speisen einzuwickeln und einzurollen – egal ob herzhaft oder süß. Der Teig ist günstig und es wird euch vielleicht überraschen, aber er lässt sich auf der Hotplate ausgezeichnet garen. Grill it! Muss ich noch mehr sagen?

Die Filoblätter sauber aufeinanderlegen und den Stapel der Länge nach halbieren. Diese Hälften nochmals horizontal halbieren, um insgesamt 24 kleinere Filoteig-Rechtecke zu erhalten. Die Rechtecke stapeln und mit einem feuchten Tuch abdecken.

Den Halloumi in 12 Stäbchen schneiden. In einer Schüssel die gehackten Minzblätter unter das Olivenöl rühren.

2 Filo-Rechtecke aufeinanderlegen und mit etwas Olivenöl bestreichen. Ein Stück Halloumi auf den Rand der kürzeren Seite legen, sodass rechts und links noch etwas Teig übersteht. Einen Streifen der eingelegten Zitronenschale auf den Käse legen. Die beiden überstehenden Seiten über den Käse schlagen und das Ganze dann der Länge nach zusammenrollen, sodass ein Päckchen in Form einer Zigarre entsteht. Mit den restlichen Zutaten auf diese Weise insgesamt 12 Röllchen vorbereiten.

Die Hotplate auf mittelhohe Temperatur vorheizen.

Die Röllchen auf der Hotplate 4–5 Minuten unter häufigem Wenden braten, bis der Teig goldbraun ist. Etwas Meersalz über die fertigen Röllchen streuen und sie heiß servieren. Zitronenspalten dazu reichen.

42

PAKORAS MIT KICHERERBSEN & KÜRBIS

Für 4–6 Personen

Pakoras lassen sich am besten als frittierter Snack beschreiben – hier werden sie allerdings gegrillt und nicht frittiert. Diese Häppchen sind einfach köstlich, ihr Reiz liegt vor allem in ihrer Einfachheit.

In einem großen Topf Wasser zum Kochen bringen. Kichererbsen und Kürbis zufügen und ca. 15 Minuten köcheln lassen, bis der Kürbis zart ist. Abgießen und gut abtropfen lassen. Kichererbsen und Kürbis dann in eine Schüssel füllen.

Mit einem Kartoffelstampfer Kichererbsen und Kürbis grob stampfen. Erbsen, Chilischote, Frühlingszwiebeln, Kichererbsenmehl, Kreuzkümmelsamen, gemahlene Koriandersamen, frischen Koriander, Zitronensaft und Salz untermischen. Mit Frischhaltefolie abdecken und in den Kühlschrank stellen, bis die Masse durchgekühlt ist.

Die kalte Masse in 8 gleichmäßige Portionen aufteilen, mit angefeuchteten Händen zu Bällchen rollen und dann vorsichtig flach drücken. Auf ein mit Backpapier ausgelegtes Blech legen, mit Frischhaltefolie abdecken und bis zum Grillen im Kühlschrank aufbewahren.

Die Hotplate auf mittelhohe Temperatur vorheizen und mit Öl bestreichen. Die Pakoras leicht mit Kichererbsenmehl bestäuben und dann von beiden Seiten 3–4 Minuten auf der Hotplate goldbraun braten.

Warm, mit frischen Korianderblättern garniert, servieren. Eisbergsalat, Zitronenspalten und Joghurt dazu reichen.

HINWEIS: Die Pakoras können einen Tag im Voraus vorbereitet und dann bis zum Grillen gut mit Frischhaltefolie abgedeckt im Kühlschrank aufbewahrt werden.

300 g Kichererbsen (Dose), abgetropft
500 g Butternusskürbis, Schale und Samen entfernt und grob gehackt, um insgesamt ca. 300 g Fruchtfleisch zu erhalten
140 g TK-Erbsen
1 große grüne Chilischote, schräg in feine Ringe geschnitten
2 Frühlingszwiebeln, schräg in feine Ringe geschnitten
60 g Kichererbsenmehl, plus etwas zum Bestäuben
1 TL Kreuzkümmelsamen
1 TL gemahlene Koriandersamen
3 EL gehackter Koriander (Blätter und Stängel), plus etwas zum Garnieren
1 EL Zitronensaft
½ TL Meersalz

AUSSERDEM
Reiskeimöl zum Grillen
Einige Blätter Eisbergsalat zum Servieren
Zitronenspalten zum Servieren
Naturjoghurt zum Servieren

45

EXOTISCHE AUBERGINENSPIESSE MIT THAI-KRÄUTER-SALAT

Für 8 Personen

12 runde Thai-Auberginen
60 ml Kecap Manis (süße
　Sojasauce)
1 EL Reiskeimöl

THAI-KRÄUTER-SALAT
2 Handvoll Koriander, Blätter
　und Stängel gehackt
2 Handvoll Thai-Basilikum,
　Blätter abgezupft
2 Handvoll Minzblätter
55 g rote Schalotten, in feine
　Scheiben geschnitten
2 lange rote Chilischoten, schräg
　in feine Ringe geschnitten

DRESSING
1 EL Maggi-Würze
1 EL Zitronensaft
2 TL Sesamöl
1 TL (feinster) Zucker

Ich bin ein Fan von Thai-Auberginen. Diese kleinen, runden Auberginen sind knackig, leicht bitter und machen sich hervorragend auf dem Grill. Wenn ihr mögt, könnt ihr aber auch eure persönliche Lieblingssorte verwenden und das Fruchtfleisch für die Spieße in große Würfel schneiden. Das schmeckt ebenso gut.

Die Thai-Auberginen halbieren. Kecap Manis und Öl zusammen in eine Schüssel geben und die Auberginen-Hälften darin schwenken, sodass sie rundherum benetzt sind. Mit Frischhaltefolie abdecken und 3 Stunden ziehen lassen, damit sich die Aromen entwickeln können.

　8 lange Bambusspieße 30 Minuten in kaltem Wasser einweichen.

　In der Zwischenzeit die Zutaten für den Thai-Kräuter-Salat in einer Schüssel vermengen und beiseitestellen. Die Zutaten für das Dressing in einer kleinen separaten Schüssel verrühren, bis sich der Zucker aufgelöst hat. Ebenfalls beiseitestellen.

　Den Grill auf hohe Temperatur vorheizen.

　Jeweils 3 Auberginen-Hälften auf einen Spieß stecken. Unter mehrmaligem Wenden 8–10 Minuten grillen, bis die Auberginen gar sind. Spieße und Salat auf einer Servierplatte anrichten. Das Dressing erneut umrühren und vor dem Servieren über Salat und Auberginenspieße träufeln.

INDISCHES BROT MIT KARTOFFELN

Für 6–8 Personen

2 große, vorwiegend
    festkochende Kartoffeln
    (ca. 600 g), geschält und
    geviertelt
1 TL Meersalz
½ TL Mangopulver (siehe
    Hinweis)
½ TL Chilipulver
1 TL geröstete
    Kreuzkümmelsamen
1 TL Garam Masala
1 Handvoll Koriander, Blätter
    und Stängel gehackt
1 große grüne Chilischote, fein
    gehackt
8 fertige hefefreie Chapati
    (indische Fladenbrote)

AUSSERDEM
Indisches Obst-Chutney oder
    Pickle zum Servieren

An Fernstraßen in Indien gibt es häufig sogenannte Dhabas, kleine Restaurants mit regionaler Küche. Die Speisen werden vor Ort frisch gekocht und sind stark gewürzt – genau so, wie ich es gerne mag. Typisch ist ein mit Kartoffeln gefülltes Hefebrot. Ich habe das Rezept leicht verändert und verwende fertiges Fladenbrot ohne Hefe. So geht es besonders schnell, einfach und ist extrem lecker.

Die Kartoffeln in einen Topf geben und gerade eben mit kaltem Wasser bedecken. Bei starker Hitze aufkochen. Sobald das Wasser kocht, den Topf mit dem Deckel verschließen und die Herdplatte abstellen. Die Kartoffeln 20 Minuten in der Nachwärme sieden lassen – so garen sie, ohne auseinanderzufallen.

Das Wasser abgießen und die Kartoffeln auf Zimmertemperatur abkühlen lassen. Dann grob in eine Schüssel reiben. Salz, Gewürze, Koriander und Chilischote untermischen.

Die Hotplate auf mittelhohe Temperatur vorheizen.

Ein Viertel der Kartoffelmischung auf einem Chapati verstreichen, mit einem zweiten Fladen abdecken und beide leicht zusammendrücken. Mit dem Rest der Masse und den übrigen Broten ebenso verfahren.

Die Brote auf der Hotplate von beiden Seiten goldbraun braten. In breite Tortenstücke schneiden und warm servieren. Dazu reicht ihr am besten euer Lieblings-Chutney oder Pickle.

HINWEIS: Mangopulver wird auch Amchur bzw. Amchoor genannt. Hergestellt wird es aus getrockneten grünen Mangos. In der nordindischen Küche verleiht es vielen Speisen ein säuerlich-fruchtiges Aroma. Erhältlich ist es in indischen Lebensmittelläden.

KOHLROULADEN MIT TOFU, CHILI & GEMÜSE

Für 4 Personen

Kohlblätter werden in vielen traditionellen Gerichten verwendet – vor allem in asiatischen Ländern. Sie lassen sich hervorragend zu Rouladen verarbeiten.

Wasser in einem großen Topf aufkochen. Die Kohlblätter hinein geben, den Topf vom Herd nehmen und die Blätter 2 Minuten ziehen lassen – so werden sie zart, behalten aber ihre grüne Farbe.

Das Wasser abgießen und die Blätter zum Abkühlen unter fließendem kaltem Wasser abspülen. Abtropfen lassen und dann die dicken Enden der Blätter abtrennen. Zum Trocknen die Kohlblätter auf ein sauberes Küchentuch legen.

Für die Füllung Tofu, Sprossen, Möhren, Ingwer, Chilischoten und Koriander in einer Schüssel vermengen. In einer separaten Schüssel Tamari, Sesamöl, Essig, Zucker und Maisstärke verrühren, dann zum Gemüse geben. Mit frisch gemahlenem schwarzem Pfeffer abschmecken und alles gut verrühren.

Für die Rouladen ca. 120 g der Füllung in die Mitte des oberen Endes eines Kohlblatts geben. Die Spitze des Blatts über die Füllung legen und die Seiten nach innen falten, vorsichtig und nicht zu fest aufrollen. Das Ganze mit der übrigen Füllung und dem Rest der Kohlblätter wiederholen, sodass insgesamt 8 Rouladen entstehen.

8 Stücke Alufolie, die groß genug sind, um jeweils eine Roulade vollständig darin einzuwickeln, auf der Arbeitsfläche verteilen und leicht mit Öl bestreichen. Die Kohlrouladen in der Folie einrollen und die Enden eindrehen, sodass die Päckchen gut verschlossen sind.

Die Hotplate auf mittelhohe Temperaturen vorheizen. Die Kohlrouladen 10 Minuten grillen, gelegentlich wenden.

Die Rouladen noch in der Folie auf einer Servierplatte anrichten, damit sie bei Tisch ausgepackt werden können.

8 große Blätter Chinakohl
Traubenkernöl zum Bestreichen

FÜLLUNG
100 g Räuchertofu, grob gerieben
115 g Bohnensprossen
155 g Möhren, gerieben
1 TL fein geriebener frischer Ingwer
1 kleine rote Chilischote, in feine Ringe geschnitten
1 kleine Handvoll Koriander, Blätter und Stängel gehackt
2 EL Tamari (japanische Sojasauce)
1 TL Sesamöl
1 EL Reisessig
½ TL Zucker
1 TL Maisstärke
Frisch gemahlener schwarzer Pfeffer

49

HALLOUMI MIT BLUMENKOHL-CHILI-SALSA

Für 4 Personen

Ich verwende gerne das Wort „Salsa" für Sauce: Es erweckt sofort den Eindruck frischer Aromen. In diesem Rezept spielt Blumenkohl die Hauptrolle, der häufig stiefmütterlich behandelt wird, obwohl dieses Gemüse doch auf so viele verschiedene Arten zubereitet werden kann – gebacken, frittiert, gekocht. Serviert Blumenkohl einfach zu Käse und ihr macht nichts verkehrt.

Das Olivenöl für die Salsa in einer großen Pfanne stark erhitzen. Den Blumenkohl hinzufügen und unter ständigem Rühren 4–5 Minuten goldbraun anbraten.

Zwiebel und Knoblauch unterrühren und eine weitere Minute erhitzen. Vom Herd nehmen und abkühlen lassen.

Essig, Chilischoten und Kräuter untermischen und das Ganze beiseitestellen, damit sich die Aromen voll entfalten können.

Den Grill auf hohe Temperatur vorheizen.

Die Halloumi-Scheiben mit Reiskeimöl bestreichen, auf dem heißen Grill verteilen und von beiden Seiten jeweils 2–3 Minuten golden anbraten.

Die gegrillten Halloumi-Scheiben mit der Salsa auf einem Teller anrichten und warm servieren.

400 g Halloumi, in 5 mm dicke
    Scheiben geschnitten
1 EL Reiskeimöl

BLUMENKOHL-CHILI-SALSA
1 EL mildes Olivenöl
250 g kleine Blumenkohlröschen
1 rote Zwiebel, gehackt
1 Knoblauchzehe, fein gehackt
2 EL Sherry-Essig
60 g eingelegte rote Chilischoten,
    in feine Ringe geschnitten
3 EL fein gehackte Minzblätter
3 EL fein gehackte glatte
    Petersilie

51

GBEJNA MIT SALAT VON OLIVEN, PETERSILIE & ZITRONE

Für 6 Personen

12 große Weinblätter in Salzlake, abgetropft
6 Taler maltesischer Käse à ca. 80 g
2 EL Olivenöl

SALAT VON OLIVEN, PETERSILIE & ZITRONE
95 g Kalamata-Oliven, entsteint und gehackt
1 Handvoll glatte Petersilie, grob gehackt
1 EL eingelegte Zitronenschale, fein gehackt
2 Frühlingszwiebeln, in feine Ringe geschnitten
1 Knoblauchzehe, zerdrückt
60 ml Olivenöl
2 EL Zitronensaft

Auf dem Wochenmarkt, den ich regelmäßig besuche, werden dann und wann neue Produkte angeboten, die mich in ihren Bann ziehen. Gbejna, ein Käse aus Malta, hat einen bleibenden Eindruck hinterlassen. Dieser Käse lässt sich hervorragend mit anderen starken Aromen kombinieren. Anstelle von Gbejna könnt ihr auch einen festen Ricotta verwenden.

Die Weinblätter 30 Minuten in kaltem Wasser einweichen. Danach das Wasser abgießen und die Weinblätter sorgfältig trocken tupfen.

2 Weinblätter leicht überlappend auf die Arbeitsfläche legen. Eine Portion Käse auf das eine Ende der Blätter setzen, etwas Olivenöl darüberträufeln und den Käse dann in die Weinblätter einwickeln.

Mit den übrigen Weinblättern, dem Käse und dem Öl ebenso verfahren, um insgesamt 6 Päckchen zu erhalten.

Die Zutaten für den Salat in einer Schüssel verrühren und ziehen lassen, während der Käse gegrillt wird.

Den Grill auf hohe Temperatur vorheizen. Die Weinblatt-Käse-Päckchen daraufgeben und ohne Wenden 4–5 Minuten grillen, um den Käse vollständig zu erwärmen.

Zum Servieren die Päckchen öffnen und etwas Salat daraufgeben.

REISPAPIER-GEMÜSE-RÖLLCHEN

Ergibt 12 Stück

Reispapier-Röllchen sind so köstlich – frisch, aromatisch und gesund. Reispapier wird kurz in kaltem Wasser eingeweicht, damit es weich wird und die gewünschten Zutaten darin eingewickelt werden können.

Die Glasnudeln ca. 10 Minuten in warmem Wasser einweichen. Abseihen und gut abtropfen lassen. Mit der Küchenschere in kleine Stücke schneiden.

Die Nudeln in einer Schüssel mit den Frühlingszwiebeln, Kräutern, Schnittknoblauch, Möhren, Bohnensprossen und Zucchini vermengen.

In einer separaten Schüssel die Zutaten für den Dip verrühren.

Etwas kaltes Wasser in eine flache Form füllen, die breiter ist als das Reispapier. Ein sauberes Küchentuch auf der Arbeitsfläche ausbreiten.

Die einzelnen Reispapier-Blätter nacheinander je 2 Minuten im Wasser einweichen, bis das Reispapier weiß und sehr weich ist. Das flexible Reispapier auf das Küchentuch legen.

3 Teelöffel der Mischung für die Füllung in der Mitte des Reispapiers aufhäufen. Das Papier von den Seiten her darüber zusammenfalten und dann zusammenrollen, sodass ein Päckchen entsteht. Wiederholen, um insgesamt 12 Röllchen zu erhalten.

Die Hotplate des Grills auf hohe Temperatur vorheizen und mit ein wenig Reiskeimöl fetten. Die Röllchen auf der vorgeheizten Hotplate unter häufigem Wenden 4–5 Minuten grillen, bis sie rundherum goldbraun sind.

Sofort servieren. Den Dip dazu reichen.

HINWEIS: Der Dip hält sich gut verschlossen im Kühlschrank mehrere Tage.

50 g Glasnudeln
125 g Frühlingszwiebeln, in feine Ringe geschnitten
1 Handvoll Koriander, Blätter und Stängel gehackt
1 Handvoll Minze, Blätter gehackt
3 EL Schnittknoblauch (chinesischer Schnittlauch), fein gehackt
155 g Möhren, gerieben
115 g Bohnensprossen
135 g Zucchini, gerieben
12 große, runde Lagen Reispapier à ca. 21 cm Durchmesser

DIP
250 ml Hoisin-Sauce (scharf-süßliche Würzsauce aus China)
60 ml Orangensaft
½ TL Sesamöl

AUSSERDEM
Reiskeimöl zum Bestreichen

57

TOFU MIT KAFFIRLIMETTEN-BLÄTTERN & ZITRONENGRAS

Für 2 Personen

2 Stängel Zitronengras, nur den
  hellen Teil, gehackt
2 Knoblauchzehen, gehackt
2 Kaffirlimettenblätter, in feine
  Streifen geschnitten
1 EL fein geriebener frischer
  Ingwer
1 EL Maggi-Würze
2 EL Pflanzenöl
1 TL Zucker
300 g fester Tofu

AUSSERDEM
Kecap Manis zum Servieren
Korianderblätter zum Garnieren

Ich kann Skepsis gegenüber Tofu verstehen, denn er wird häufig wirklich schlecht zubereitet. Es würde ja auch niemand ein gutes Filetstück genießen, wenn es von jeder Seite 20 Minuten gebraten worden wäre.
Das Wichtigste bei Tofu ist seine Konsistenz. Ansonsten ist er eine Art Chamäleon und kann mit allerlei Zutaten aromatisiert werden.
Wenn ihr keine Kecap Manis findet, rührt einfach ein wenig braunen Zucker unter Sojasauce – das ist eine gute Alternative.

Zitronengras, Knoblauch, Kaffirlimettenblätter, Ingwer, Maggi, Öl und Zucker in der Küchenmaschine grob pürieren, sodass eine stückige Sauce entsteht.

Die Sauce in eine Schüssel füllen und den Tofu vorsichtig darin wenden, sodass er von allen Seiten gleichmäßig bedeckt ist. Mit Frischhaltefolie abdecken und bei Zimmertemperatur ein paar Stunden ziehen lassen.

Die Hotplate auf mittelhohe Temperatur vorheizen. Eine Lage Backpapier darauflegen. Den Tofu in die Mitte des Backpapiers setzen und die restliche Sauce aus der Schüssel darauf verteilen. 4–5 Minuten braten.

Den Tofu mit einem großen Pfannenwender aus Metall vorsichtig wenden. Die Zitronengras-Mischung wird an einigen Stellen goldbraun, an anderen schon leicht angebrannt sein. Weitere 5 Minuten erhitzen.

Den Tofu in dicke Scheiben oder Würfel schneiden und auf einem Servierteller anrichten. Kecap Manis darüberträufeln und mit Korianderblättern garnieren.

GRILL IT!
VEGETARISCH

PILZE IN SOJA-INGWER-MARINADE VOM GRILL

Für 4 Personen

Verwendet für dieses Rezept möglichst keine besonders kleinen Pilze – im Grunde genommen gilt das für das Grillen überhaupt. Kleine Pilze zu grillen ist unnötig mühsam. Große, fleischige Pilze lassen sich hingegen gut verwenden und haben einen aromatischeren Geschmack.

Wein, Sojasauce, Reismehl, Sesamöl und Ingwer in einer großen Schüssel verrühren. Shiitake-Pilze und Champignons hinzufügen und in der Marinade schwenken. Mit Frischhaltefolie abdecken und bei Zimmertemperatur 3 Stunden oder im Kühlschrank 6 Stunden ziehen lassen.

Die Hotplate auf hohe Temperatur vorheizen und mit dem Reiskeimöl fetten. Die Pilze aus der Marinade nehmen und auf der Hotplate verteilen. Unter häufigem Wenden 10–15 Minuten grillen, bis die Pilze eine dunkle Farbe haben, zart und aromatisch sind.

Die Kräuterseitlinge und die Austernpilze hinzufügen und unter Wenden noch 1–2 Minuten grillen, bis sie gerade eben zart sind. Heiß servieren und mit den Frühlingszwiebeln garnieren.

250 ml Rotwein
250 ml helle Sojasauce
2 EL Reismehl
1 EL Sesamöl
1 EL fein geriebener frischer Ingwer
6 große Shiitake-Pilze
6 große braune Champignons
2 EL Reiskeimöl
6 Kräuterseitlinge, längs halbiert
100 g Austernpilze
Frühlingszwiebeln, in feine Ringe geschnitten, zum Servieren

61

HAUPTSPEISEN

Viele Menschen gehen davon aus, dass Vegetarier insgesamt weniger essen. Bitte tut das nicht. Besonders nicht bei einer Grillparty, wo Vegetarier sowieso häufig schon zu kurz kommen. Und bitte bietet als vegetarische Alternative nicht einfach Tofu-Würstchen oder einen TK-Gemüseburger an. Das wäre nicht nur eurem vegetarischen Gast gegenüber unhöflich, sondern auch eine Beleidigung gegenüber der Vielfalt der vegetarischen Küche.

Vieles in diesem Kapitel ist einfach die von mir für den Grill umgewandelte Variante eines vegetarischen Gerichts: Shakshuka aus Nordafrika, Buddhas Köstlichkeiten aus China oder japanische Pfannkuchen. Einige dieser Gerichte werden sogar traditionell auf dem Grill oder der Hotplate zubereitet. Mit ein wenig Kreativität lassen sich aber auch Speisen grillen, die ursprünglich anders gegart werden. Zum Beispiel indem man sie in Lotus-, Wein- oder Bananenblätter wickelt oder auf Spieße steckt.

Beim Barbecue genießen wir es ja oft, uns durchzuprobieren, hier und da eine Kleinigkeit zu kosten und kleine Häppchen in Dips zu tunken. Manchmal wollen wir aber auch so richtig reinhauen. Und dafür sind die folgenden Rezepte genau das Richtige.

GÖZLEME
MIT MANGOLD & FETA

Für 4 Personen

1 EL Olivenöl, plus etwas extra
    zum Bestreichen
1 rote Zwiebel, fein gehackt
2 Knoblauchzehen, zerdrückt
180 g Mangold, in feine Streifen
    geschnitten
200 g Feta, zerbröselt
50 g Cheddar, grob gerieben
¼ TL Paprikapulver (edelsüß)
4 griechische Pitabrote (Ø 26 cm)

AUSSERDEM
Zitronenspalten zum Servieren

Auf Wochenmärkten und Straßenfesten findet man heute immer häufiger Stände, an denen Gözleme verkauft werden – eine Art türkische Pizza. Ich liebe diese „Pizzen". Gözleme-Teig selbst zuzubereiten ist recht kompliziert, aber heute werden selbst im Supermarkt allerlei internationale Brotspezialitäten angeboten, sodass das nicht nötig ist.

Olivenöl, Zwiebel, Knoblauch, Mangold, beide Käsesorten und das Paprikapulver zusammen in eine Schüssel geben und alles gut vermischen.

Die Hälfte der Masse auf einem Pitabrot verstreichen und einen weiteren Fladen darauflegen. Das Ganze für die zweite Gözleme mit den beiden übrigen Pitas und dem Rest der Füllung wiederholen.

Die Hotplate auf mittelhohe Temperatur vorheizen. Beide Seiten der Gözleme mit Olivenöl bestreichen und die Brote nacheinander jeweils von beiden Seiten 3–4 Minuten goldbraun und kross grillen, dabei mit einem Pfannenwender zusammendrücken. Zum Servieren in Tortenstücke schneiden und großzügig frischen Zitronensaft darüberträufeln. Die zweite Gözleme backen, während eure Gäste bereits die erste warm genießen.

BUDDHAS KÖSTLICHKEITEN

Es heißt, buddhistische Mönche hätten eine besondere Vorliebe für diese Speise, die traditionell mindestens 10 unterschiedliche Gemüsesorten enthält. In meiner Version habe ich die Auswahl auf die Gemüse beschränkt, die sich gut grillen lassen. Ihr könnt natürlich auch anderes wählen. Aber denkt daran, dass manches Gemüse, wie z. B. Möhren, vorgegart werden muss, bevor es auf den Grill kommt.

Grill und Hotplate auf hohe Temperatur vorheizen.
Einen Teil des Öls in eine große Schüssel füllen, die Pilze hinzufügen und schwenken, sodass sie benetzt sind. Auf dem Grill von beiden Seiten 4–5 Minuten garen, bis sie zart sind. In eine saubere Schüssel geben und zum Warmhalten mit Alufolie abdecken.

Das restliche Öl in die geölte Schüssel geben. Mais und Lauch hineingeben und schwenken, sodass sie leicht benetzt sind. Auf der Hotplate 2–3 Minuten von jeder Seite braten, bis sie zart sind, und dann zum Warmhalten zu den Pilzen in die Schüssel füllen. Bambussprossen und Bohnen auf die Hotplate geben, die Tofu-Scheiben auf dem Grill verteilen und 4–5 Minuten erhitzen, bis die Bambussprossen und Bohnen gar sind, aber noch einen gewissen Biss haben, und der Tofu vollständig aufgewärmt ist.

In der Zwischenzeit die Zutaten für die Soja-Ingwer-Sauce in einen kleinen Topf geben und gut verrühren, damit sich die Maisstärke auflöst. Bei mäßiger Hitze unter Rühren aufkochen und köcheln lassen, bis aus der dünnen, trüben Flüssigkeit eine angedickte Sauce geworden ist.

Das warme gegrillte Gemüse auf einen Servierteller geben und die Sauce darübergießen. Warm servieren.

HINWEIS: Ganze Bambussprossen sind in der Regel vakuumverpackt in Asialäden erhältlich.

60 ml Reiskeimöl
12 große Shiitake-Pilze, Stiele entfernt
12 braune Champignons, Stiele entfernt
400 g Baby-Mais, längs halbiert
4 Stangen junger Lauch, nur die weißen Teile, in Ringe geschnitten
100 g geschälte ganze Bambussprossen, in Scheiben geschnitten (siehe Hinweis)
100 g grüne Bohnen, Enden und Faden entfernt
300 g fester Tofu, in 1 cm dicke Scheiben geschnitten

SOJA-INGWER-SAUCE
125 ml Gemüsebrühe
1 EL helle Sojasauce
1 EL fein geriebener frischer Ingwer
½ TL Zucker
1 TL Maisstärke

67

PILZ-BULGOGI

Für 4 Personen

200 g Shiitake-Pilze
200 g Austernpilze
200 g Wiesenchampignons
4 Matsutake-Pilze oder 2 große
   Kräuterseitlinge, in dicke
   Scheiben geschnitten
1 TL geröstete Sesamsamen

MARINADE
60 ml koreanische oder
   japanische Sojasauce
1 EL Sesamöl
1 TL geröstete Sesamsamen
2 Frühlingszwiebeln, schräg in
   feine Ringe geschnitten
2 Knoblauchzehen, fein gehackt
1 EL fein geriebener frischer
   Ingwer

Bulgogi bezeichnet ein beliebtes koreanisches Steak-gericht, frei übersetzt bedeutet es „Feuerfleisch". Den hervorragenden Geschmack verdankt dieses Gericht vor allem der Marinade. Ich selbst esse unheimlich gerne ein ordentliches Steak, aber warum sollte man immer nur Fleisch den großen Auftritt gönnen?

Die Zutaten für die Marinade in einer Schüssel verrühren.

Große Stiele gegebenenfalls von den Pilzen entfernen und entsorgen. Die Pilze in eine große, flache Schüssel geben und mit der Marinade bedecken. Mit Frischhaltefolie abdecken und mindestens 3 Stunden oder über Nacht im Kühlschrank ziehen lassen. Die Pilze in der Marinade dabei mehrmals wenden.

Die Pilze 30 Minuten bevor sie gegart werden sollen aus dem Kühlschrank nehmen, damit sie zu Beginn des Grillens zimmerwarm sind.

Den Grill auf mittelhohe Temperatur vorheizen.

Die Pilze mit der Grillzange aus der Marinade heben, überschüssige Flüssigkeit abtropfen lassen und die Pilze dann auf dem Grill verteilen. 10–15 Minuten grillen, bis sie dunkel, zart und aromatisch sind. Dabei häufig wenden.

Mit den gerösteten Sesamsamen bestreuen und warm servieren.

LIMETTEN-TOFU-STEAKS MIT FRISCHEM SAMBAL

Für 4 Personen

Diese Speise erhält ihren Geschmack vor allem vom Sambal – und das ist alles andere als lasch. Sambal ist ein auf scharfen Chilischoten basierendes Würzmittel, das in ganz Südostasien verwendet wird. In der Regel wird es gekocht, diese Version hingegen ist roh, sehr frisch und sehr geschmacksintensiv.

Die Zutaten für das Sambal zusammen in einer Schüssel verrühren, bis sich das Gemüsebrühpulver aufgelöst hat. Abgedeckt 30 Minuten bei Zimmertemperatur oder über Nacht im Kühlschrank ziehen lassen.

Den Tofu in 4 gleich große Stücke schneiden und diese nebeneinander in eine flache Schale legen.

In einer Schüssel Limettensaft, Traubenkernöl und Kurkuma verrühren, bis sich das Kurkuma vollständig aufgelöst und das Öl eine intensiv leuchtende Farbe angenommen hat. Die Marinade über den Tofu gießen und diesen wenden, damit er von allen Seiten gleichmäßig bedeckt ist. 30 Minuten ziehen lassen.

Den Grill auf hohe Temperatur vorheizen.

Den Tofu von jeder Seite 2–3 Minuten grillen, bis er eine leichte Kruste bekommt. Zum Servieren etwas Sambal auf die warmen Tofu-Steaks geben. Dazu Limettenspalten reichen.

600 g fester Tofu
60 ml Limettensaft
60 ml Traubenkernöl
¼ TL Kurkuma

SAMBAL
1 TL Gemüsebrühpulver (Instant)
2 Kaffirlimettenblätter, in feine Streifen geschnitten
2 Stängel Zitronengras, nur die hellen Teile, fein gehackt
2 Piri-Piri-Chilischoten, fein gehackt
3 EL fein gehackte rote Schalotten
2 Knoblauchzehen, fein gehackt
1 EL Pflanzenöl
1 EL Limettensaft

AUSSERDEM
Limettenspalten zum Servieren

71

GEGRILLTE KÜRBIS-GNOCCHI MIT CHILI-SAHNESAUCE

Für 4 Personen

½ Butternusskürbis, ca. 1 kg,
   alternativ den oberen Teil
   eines größeren Kürbisses
95 g feiner Hartweizengrieß, plus
   etwas für die Form
2 EL fein geriebener
   Parmesankäse, plus etwas
   extra zum Garnieren
1 Ei, leicht verquirlt

GRÜNE CHILI-SAHNESAUCE
250 ml Schlagsahne
1 große grüne Chilischote,
   längs halbiert
25 g fein geriebener
   Parmesankäse

AUSSERDEM
Reiskeimöl für die Form und zum
   Bestreichen
Glatte Petersilie zum Garnieren

Die Idee für dieses köstliche Rezept geht auf römische Gnocchi zurück, für deren Zubereitung die Masse in einer Lage gebacken und dann in Stücke geschnitten wird.

Die Hotplate auf mittelhohe Temperatur vorheizen.

Den Kürbis in 2 Lagen Alufolie wickeln, auf der Hotplate 1 Stunde weich garen, dabei alle 20 Minuten wenden. Anschließend in der Folie abkühlen lassen.

Den Backofen auf 180°C vorheizen.

Kürbiskerne mit einem Löffel herauskratzen. Das zarte Fruchtfleisch auslösen und in eine Schüssel füllen – es sollten ca. 500 g sein. Zu einer gleichmäßigen Masse zerdrücken, dann den Hartweizengrieß, Parmesan und das Ei untermischen.

Eine Kastenform (25 x 8 x 5 cm) leicht mit Öl fetten und mit Hartweizengrieß ausstreuen. Die Kürbis-Mischung hineinfüllen und 25–30 Minuten im vorgeheizten Ofen backen, bis sie schnittfest ist. Anschließend abkühlen lassen, dann in den Kühlschrank stellen, bis die Masse vollständig durchgekühlt ist.

Für die Sauce Sahne und Chilis zusammen in einen kleinen Topf geben und bei schwacher Hitze zum Sieden bringen, ohne dass die Sahne sprudelnd aufkocht. 10 Minuten sieden lassen, bis die Flüssigkeit etwas andickt. Den Parmesan unterrühren und die Sauce dann zum Warmhalten in eine Servierkanne oder einen Thermobehälter umfüllen.

Den Grill auf hohe Temperatur vorheizen. Die Gnocchi-Masse in 12 ca. 2 cm dicke Stäbchen schneiden und rundherum mit Öl bestreichen. Von beiden Seiten je 2–3 Minuten goldbraun grillen – nicht zu früh wenden, sonst bleiben sie am Grill haften.

Die fertig gegrillten Gnocchi auf Teller verteilen, die warme Chilisauce darüberträufeln, mit etwas zusätzlichem Parmesan bestreuen und mit Petersilie garnieren.

GRILL IT! VEGETARISCH

PANEER-TOMATEN-SPIESSE

Für 6 Personen

Paneer ist eine Art indischer Frischkäse, der allerdings kein Dickungsmittel wie Lab enthält. Ebenso wie Halloumi ist er hervorragend für den Grill geeignet. Er kann, gewürfelt oder in größere Stücke geschnitten, goldbraun gebraten werden. Manchmal ist er in Asia-Supermärkten erhältlich, kann aber auch leicht selbst gemacht werden.

12 Bambusspieße 30 Minuten in kaltem Wasser einweichen.

In der Zwischenzeit die Zutaten für das Dressing in einer Schüssel vermischen und beiseitestellen, damit sich die Aromen voll entfalten können.

Die Hotplate auf hohe Temperatur vorheizen und leicht mit Olivenöl fetten.

Auf jeden Spieß abwechselnd je 2 Paneer-Würfel und 2 Kirschtomaten stecken. Mit Kreuzkümmel- und Fenchelsamen bestreuen.

Die Spieße auf der Hotplate unter häufigem Wenden 8–10 Minuten braten, bis der Paneer eine schöne goldene Farbe hat und die Tomaten etwas weicher sind.

Auf einem Servierteller anrichten und das Dressing darüberträufeln. Warm und mit Zitronenspalten servieren.

HINWEIS: Für 100 Gramm Paneer müsst ihr 1 Liter Milch langsam und unter stetigem Rühren zum Kochen bringen. Nach Belieben leicht salzen. Dann ca. 1 Esslöffel Zitronensaft oder milden Essig einrühren, sodass die Milch ausflockt. Gegebenenfalls noch etwas mehr Säure zufügen, vom Herd nehmen und kurz weiterrühren. Ein Sieb mit einem Mulltuch auslegen und die geronnene Milch hineingießen. Unter fließendem kaltem Wasser gründlich spülen. Die Tuchenden zusammendrehen und die Flüssigkeit auswringen. Dann das Päckchen zwischen 2 Holzbretter legen und mind. 2 Stunden beschweren. Je länger der Käse gepresst wird, desto fester wird er.

400 g Paneer, in 2,5 cm große Würfel geschnitten
24 Kirschtomaten
1 TL Kreuzkümmelsamen
1 TL Fenchelsamen

KRÄUTER-CHILI-DRESSING
1 große rote Chilischote, schräg in dünne Ringe geschnitten
60 ml mildes Olivenöl
1 TL Meersalz
1 Handvoll Koriander, Blätter grob gehackt
1 Handvoll Minze, Blätter grob gehackt
2 EL Zitronensaft

AUSSERDEM
Olivenöl für die Hotplate
Zitronenspalten zum Servieren

75

JAPANISCHE EIERKUCHEN MIT GEMÜSE & INGWER

Für 2 Personen

75 g Mehl (Type 405)
2 Eier
250 ml Gemüsebrühe
2 TL fein geriebener frischer
    Ingwer
125 g Frühlingszwiebeln, in feine
    Ringe geschnitten
150 g Shiitake-Pilze, Stiele
    entfernt und die Hüte in feine
    Streifen geschnitten
150 g Chinakohl, fein gehackt

AUSSERDEM
Reiskeimöl für die Hotplate
Japanische Mayonnaise zum
    Servieren
Eingelegter Ingwer zum
    Servieren
Nori-Flocken mit gerösteten
    Sesamsamen vermischt
    zum Bestreuen

In Japan heißen diese Eierkuchen Okonomiyaki, was ungefähr so viel bedeutet wie „koch es selber". Sie sind wirklich lecker und leicht zuzubereiten und ein hervorragendes vegetarisches Hauptgericht vom Grill, das sich aber auch super mit anderen teilen ließe. In meiner Vorstellung entsprechen sie aber eher einem gegrillten Steak – einem Hauptgericht, das nichts weiter braucht als ein paar Beilagen.

Das Mehl in eine Schüssel füllen. In einer separaten Schüssel die Eier mit der Gemüsebrühe verquirlen. Diese Mischung mit dem Schneebesen unter das Mehl rühren, bis eine glatte Masse entsteht. Den geriebenen Ingwer, die Frühlingszwiebeln, Pilze und den Kohl untermischen.

Die Hotplate auf mittelhohe Temperatur vorheizen und mit Öl fetten. Mit einer großen Kelle insgesamt 4 Portionen der Masse für die Eierkuchen auf die Hotplate geben. Mit dem Pfannenwender sanft andrücken, sodass 4 kreisförmige Fladen à 13–15 cm Durchmesser entstehen. Übrige Masse gegebenenfalls gleichmäßig auf diese vier Portionen verteilen.

5 Minuten braten, bis sich an den Seiten der Masse eine goldbraune Kruste bildet. Die Küchlein dann mit dem Pfannenwender umdrehen und weitere 5 Minuten braten.

Warm servieren. Dazu japanische Mayonnaise, eingelegten Ingwer und eine Mischung aus Nori-Flocken und Sesamsamen als Würzmittel reichen.

**GRILL IT!
VEGETARISCH**

SPANISCHE EIERTÖPFE

Für 4 Personen

In meinem Café biete ich diese spanischen Eiertöpfe schon seit Jahren an. Sie sind das Einfachste und Köstlichste, das ihr zu einem Brunch servieren könnt. Noch schneller geht es, wenn ihr die Tomatensauce einen Tag im Voraus zubereitet.

Das Olivenöl in einem mittelgroßen Topf bei mäßiger Hitze erwärmen. Die Zwiebelspalten zufügen und in 2–3 Minuten glasig andünsten. Die Paprika hinzufügen und unter Rühren anbraten, dann Tomaten und Petersilie unterrühren. Nach Belieben mit Salz und frisch gemahlenem schwarzem Pfeffer abschmecken.

Aufkochen und 8–10 Minuten köcheln lassen, damit die Tomaten-Mischung andickt. (Jetzt könnt ihr das Ganze abkühlen lassen und im Kühlschrank aufbewahren, zur Weiterverwendung einfach wieder erwärmen. Ich bevorzuge es allerdings, die Tomaten sofort weiterzuverarbeiten.)

Grill oder Hotplate auf hohe Temperatur vorheizen.

4 hitzebeständige Förmchen à 375–500 ml Fassungsvermögen auf den Grillrost oder die Hotplate stellen und aufwärmen. Jeweils ca. 225 g der Tomaten-Mischung in die Schüsseln füllen und erhitzen, bis sie Blasen wirft. Nun mit einem Löffel jeweils eine Vertiefung in die Mitte drücken und jeweils ein Ei hineinschlagen.

Die Förmchen einzeln mit Alufolie oder einem kleinen Teller abdecken und 3–4 Minuten weiter erhitzen, bis die Eiweiße fest, die Eigelbe aber noch weich sind.

Heiß servieren. Dafür über jede Portion etwas Petersilie streuen und mit Olivenöl beträufeln. Dazu warmes, auf dem Grill geröstetes Brot reichen.

2 EL Olivenöl
1 rote Zwiebel, in feine Spalten geschnitten
45 g gebratene rote Paprika, in feine Streifen geschnitten
800 g gehackte Tomaten (Dose)
3 EL glatte Petersilie, Blätter gehackt, plus etwas zum Garnieren
Meersalz
Frisch gemahlener schwarzer Pfeffer
4 Eier

AUSSERDEM
Natives Olivenöl zum Beträufeln
Geröstetes Brot zum Servieren

81

GEBACKENER RICOTTA MIT WARMER TOMATEN-OLIVEN-SALSA

Für 6–8 Personen

Olivenöl zum Bestreichen
1 kg frischer Ricotta
1 TL Meersalz

TOMATEN-OLIVEN-SALSA
60 ml Olivenöl
24 Kirschtomaten
4 Stängel Thymian
2 Knoblauchzehen, fein gehackt
80 ml Sherry-Essig
50 g kleine schwarze Oliven, entsteint und grob gehackt
60 g in Salz eingelegte kleine Kapern, gut abgespült
3 EL fein gehackte glatte Petersilie
Meersalz
Frisch gemahlener schwarzer Pfeffer

Wenn man eine Lage Backpapier auf den Grillrost oder die Hotplate legt, kann man darauf Zutaten garen, die ansonsten an der Oberfläche haften bleiben würden.

Den Grill oder die Hotplate auf hohe Temperatur vorheizen.

Ein großes Stück Alufolie auf der Arbeitsfläche ausbreiten. Ein ähnlich großes Stück Backpapier auf die Folie legen und es leicht mit Olivenöl bestreichen.

Den Ricotta auf das gefettete Backpapier stürzen und mit dem Salz bestreuen. Die Seiten der Folie nach oben falten, über dem Ricotta zusammenbringen und verschließen. Sorgfältig zusammendrücken, sodass der Ricotta gut in seinem Päckchen versiegelt ist. Das Päckchen mit dem Ricotta auf den Grillrost bzw. die Hotplate stellen und 10 Minuten erhitzen, bis der Käse vollständig erwärmt ist. Beiseitestellen während die Salsa vorbereitet wird, die Folie aber verschlossen lassen (um den Käse warm zu halten).

Für die Salsa 1 Esslöffel des Olivenöls in eine große Schüssel geben. Die Tomaten und den Thymian hineingeben und schwenken, sodass die Tomaten gleichmäßig mit Öl benetzt sind. Die Hotplate mit einem Stück Backpapier abdecken. Die Tomaten-Thymian-Mischung daraufgleiten lassen und 3–4 Minuten erhitzen, bis die Tomaten weich sind.

Das Backpapier an den Ecken vorsichtig anheben und die Tomaten in eine Schüssel gleiten lassen. Die übrigen Salsa-Zutaten hinzufügen. Mit Salz und frisch gemahlenem schwarzem Pfeffer abschmecken und gut vermischen.

Die Salsa auf dem warmen Ricotta verteilen, sofort servieren.

GRILL IT! VEGETARISCH

TOFU-TOMATEN-SHIITAKE-SPIESSE MIT DRESSING

Für 4 Personen

Ihr könnt für dieses Rezept auch mal weichen Seidentofu ausprobieren, der bleibt aber leicht an der Hotplate haften, also unbedingt eine Lage Backpapier darunterlegen. In der Regel mag ich Seidentofu lieber, für dieses Rezept bevorzuge ich aber eine festere Variante – sieht einfach besser aus.

8 Bambusspieße 30 Minuten in kaltem Wasser einweichen. Für das Dressing Ingwer und Frühlingszwiebeln in einer kleinen, hitzebeständigen Schüssel vermischen. Das Reiskeimöl in einem kleinen Topf bei starker Hitze bis zum Rauchpunkt erhitzen. Sofort über Frühlingszwiebeln und Ingwer gießen, sodass sie zischen und weich werden. Dann Sojasauce und Sesamöl unterrühren. Beiseitestellen, während die Spieße zubereitet werden.

Den Tofu in Stücke schneiden, die etwa so groß sind wie die Tomaten. Jeweils einige Stücke Tofu, 3 Tomaten und 3 Pilze in beliebiger Reihenfolge auf jeden der Spieße stecken. Die Spieße nebeneinander auf einen flachen Teller oder in eine flache Form legen. Reiskeimöl und Sojasauce verrühren und das Gemüse und den Tofu auf den Spießen damit bestreichen.

Die Hotplate auf hohe Temperatur vorheizen. Die Spieße 8 Minuten darauf garen, dabei alle paar Minuten wenden, bis der Tofu gleichmäßig goldbraun und das Gemüse zart ist. Das Dressing über die Spieße träufeln. Zum Servieren mit einigen Korianderblättern garnieren.

HINWEIS: Das Dressing kann einen Tag im Voraus zubereitet und in einem luftdicht verschlossenen Behälter im Kühlschrank aufbewahrt werden. Vor der Verwendung sollte es allerdings wieder auf Zimmertemperatur erwärmt werden.

300 g fester Tofu
24 Kirschtomaten
24 kleine Shiitake-Pilze
1 EL Reiskeimöl
2 TL helle Sojasauce

INGWER-FRÜHLINGSZWIEBEL-
DRESSING
2 EL in sehr feine Streifen geschnittener frischer Ingwer
125 g Frühlingszwiebeln, in feine Ringe geschnitten
60 ml Reiskeimöl
2 EL helle Sojasauce
1 TL Sesamöl

AUSSERDEM
Einige Korianderblätter zum Servieren

83

WIESENCHAMPIGNONS MIT MARINIERTEM FETA

Für 4 Personen

2 Zweige Thymian

2 Knoblauchzehen, in feine Scheiben geschnitten

2 Frühlingszwiebeln, schräg in feine Ringe geschnitten

125 ml mildes Olivenöl

½ TL Meersalz

2 EL Sherry-Essig

Frisch gemahlener schwarzer Pfeffer

200 g halbfester Ziegenfeta

8 große Wiesenchampignons oder wenn erhältlich Matsutake-Pilze

1 TL Sumak (siehe Hinweise S. 19)

AUSSERDEM

Fein gehackte glatte Petersilie (optional) zum Garnieren

Meiner Meinung nach sind Auberginen und Pilze die beiden Gemüse, die sich am besten grillen lassen. Sie können gut mit den verschiedensten Aromen kombiniert werden. Für dieses Gericht habe ich mein Kräuteröl selbst zubereitet, wenn ihr aber einen halbfesten, mit Knoblauch und Kräutern in Öl marinierten Feta bekommen könnt, dann nehmt ruhig diesen. Alles, was ihr dann noch tun müsst, ist, den bereits marinierten Käse vor dem Grillen in die Pilze zu füllen. Einfach köstlich!

Thymian, Knoblauch und Frühlingszwiebeln zusammen in eine hitzebeständige Schüssel geben. Das Olivenöl in einer kleinen Pfanne bei mäßiger Hitze bis zum Rauchpunkt erhitzen. Sofort über die Frühlingszwiebel-Kräuter-Mischung gießen, sodass die Zwiebelringe im heißen Öl zischen und ihre Aromen abgeben. Salz, Essig und etwas frisch gemahlenen schwarzen Pfeffer nach Belieben untermischen.

Den Feta in kleine, mundgerechte Würfel schneiden und in einer Lage in eine flache Form (nicht aus Metall!) füllen. Die Frühlingszwiebel-Marinade darüber verteilen. Mit Frischhaltefolie abdecken und im Kühlschrank bis zu 3 Tage ziehen lassen.

Den Grill auf hohe Temperatur vorheizen.

Die Stiele von den Pilzen entfernen und den marinierten Feta in den umgekehrten Hüten verteilen. Die gefüllten Pilze auf den Grillrost setzen und – wenn vorhanden – den Deckel des Grills schließen. Alternativ die Pilze mit einem tiefen Backblech abdecken. Die Pilze 15 Minuten garen, bis sie zart sind.

Mit Sumak bestreuen. Nach Belieben zusätzlich mit gehackter Petersilie garnieren und warm servieren.

PIZZA AUF INDISCH

Für 4 Personen

Habt ihr jemals frisch gebackenes Naan oder Chapati gegessen? Es ist verdammt lecker, aber nicht besonders leicht selbst zu backen. Jedenfalls nicht für die meisten von uns.
In der Regel bin ich kein Fan von Fertigprodukten, manchmal sind sie aber einfach verdammt praktisch. Hier verwende ich Naan als eine Art Pizzaboden. Megalecker!

Den Grill auf mittelhohe Temperatur vorheizen.

Die passierten Tomaten in eine kleine Schüssel füllen, Fenchel- und Kreuzkümmelsamen sowie Chiliflocken und Salz untermischen.

Die Brote jeweils auf eine doppelte Lage Backpapier legen. So lassen sie sich später besser auf den Grill legen und wieder herunternehmen. Die Tomaten-Mischung auf den Fladen verteilen und verstreichen. Zucchini, Paprika und Zwiebel darauf verteilen und die Paneer-Stückchen darüberstreuen.

Das Backpapier mit den Pizzen auf den Grillrost legen und – wenn vorhanden – den Deckel des Grills schließen. Alternativ die Pizzen auf dem Grill mit einem umgedrehten tiefen Backblech abdecken. 10 Minuten erhitzen. Um zu sehen, wie weit der Boden gegart ist, die Pizzen mit einem Pfannenwender aus Metall leicht anheben. Der Boden sollte goldbraun sein – wie bei einer Pizza aus dem Holzofen.

Abschließend ein paar Korianderblätter über die Pizzen streuen und warm servieren. Dazu Limetten-Pickle reichen.

250 g passierte Tomaten
½ TL Fenchelsamen
½ TL gemahlene Kreuzkümmelsamen
½ TL Chiliflocken
½ TL Meersalz
4 Naan oder Chapati (indische Fladenbrote), jeweils mit ca. 15 cm Durchmesser
1 Zucchini, in sehr feine Scheiben geschnitten
1 kleine rote Paprika, geputzt und in feine Scheiben geschnitten
1 kleine rote Zwiebel, in sehr feine Ringe geschnitten
100 g Paneer, grob zerbröselt (indischer Frischkäse, siehe Hinweis S. 75)

AUSSERDEM
Korianderblätter zum Garnieren
Limetten-Pickle zum Servieren

87

NATURREIS MIT MISO IN LOTUSBLÄTTERN

Für 4 Personen

2 große getrocknete Lotusblätter (erhältlich in Asialäden)
1 EL weißes Miso
2 EL helle Sojasauce
1 TL Sesamöl
½ TL Meersalz
½ TL Zucker
2 EL Reiskeimöl
2 Knoblauchzehen, fein gehackt
1 EL fein geriebener frischer Ingwer
2 Frühlingszwiebeln, fein gehackt
75 g Chinakohl, fein gehackt
75 g Pak Choi oder Choi Sum, fein gehackt
200 g brauner Langkornreis, fertig gegart und gut abgetropft

Zu diesem Rezept haben mich Dim Sum inspiriert. Bei einigen dieser chinesischen Häppchen wird Klebreis in Lotusblätter eingewickelt.

Versucht nicht, die getrockneten Lotusblätter auseinanderzufalten, da sie sonst zerbröseln. Legt sie stattdessen in die saubere Küchenspüle und bedeckt sie mit ausreichend kochendem Wasser. 1 Stunde einweichen – so werden sie flexibel und nehmen die Farbe frischer Weinblätter an. Nun könnt ihr die Lotusblätter auffalten und in der Mitte auseinanderschneiden. Dabei den Stiel entfernen. Die beiden Hälften in je zwei Quadrate à 30 cm schneiden und beiseitelegen.

In einem Messbecher das Miso mit Sojasauce, Sesamöl, Salz und Zucker vermengen. 125 ml kochendes Wasser hinzugeben und gut rühren, bis sich das Miso vollständig aufgelöst hat.

Das Reiskeimöl in einem Wok stark erhitzen. Knoblauch, Ingwer und Frühlingszwiebeln hinzufügen und unter Rühren einige Sekunden anbraten, bis sie ihr Aroma verströmen aber noch keine Farbe nehmen. Chinakohl und Pak Choi bzw. Choi-Sum zufügen und unter ständigem Rühren ca. 5 Minuten anbraten, bis die Kohlblätter in sich zusammengefallen sind.

Den Reis und die Miso-Mischung hinzufügen, gut untermischen und alles aufkochen. Dann die Hitze reduzieren und bei mittelhoher Temperatur 5 Minuten köcheln lassen.

Jeweils ein Viertel der Reis-Mischung in die Mitte eines zugeschnittenen Lotusblattes setzen und zu festen Päckchen rollen.

Die Hotplate auf mittelhohe Temperatur vorheizen.

Die Pakete mit der Naht nach unten auf die Hotplate setzen und 10 Minuten garen, bis die untere Seite trocken aussieht und sich Blasen darauf bilden. Dann können die Päckchen gewendet und weitere 5 Minuten gegart werden. Warm servieren.

GRILL IT! VEGETARISCH

ZUCCHINI-AUBERGINEN-HALLOUMI-SPIESSE

Für 4 Personen

Halloumi entdeckte ich erst spät, möchte ich seitdem aber nicht mehr missen. Hier wird der Käse gewürfelt und zusammen mit Aubergine und Zucchini aufgespießt. Alternativ könnt ihr den Halloumi auch in ca. 1 cm dicke „Steaks" schneiden, sie in einer Marinade aus Chiliflocken, getrocknetem Oregano, Olivenöl und Zitronensaft ziehen lassen und dann grillen, bis der Käse eine goldbraune Kruste hat. Nach Belieben mit Couscous servieren.

500 g Halloumi
2 japanische Auberginen
   (schmale, längliche Sorte)
2 Zucchini
2 EL Olivenöl, plus etwas extra
   für die Hotplate
2 EL Apfelessig
2 TL Kreuzkümmelsamen
1 TL Chiliflocken

AUSSERDEM
Junger Rucola zum Servieren

8 Bambusspieße 30 Minuten in kaltem Wasser einweichen.

Halloumi, Auberginen und Zucchini in 2 cm große Würfel schneiden. Jeweils 2 Stücke Halloumi abwechselnd mit dem Gemüse auf die Bambusspieße stecken. Die Spieße nebeneinander auf einen flachen Teller legen.

In einer kleinen Schüssel Olivenöl, Essig, Kreuzkümmel und Chiliflocken vermischen. Die Mischung über die Spieße gießen. Mit Frischhaltefolie abdecken und bei Zimmertemperatur einige Stunden ziehen lassen, damit die Spieße die Aromen aufnehmen können.

Die Hotplate auf hohe Temperatur vorheizen. Mit etwas Olivenöl fetten.

Die marinierten Spieße auf die heiße Hotplate legen und 2–3 Minuten braten, bis der Halloumi eine goldbraune Kruste bekommt. Den Teller mit der Marinade beiseitestellen. Die Spieße nun mit einem Pfannenwender aus Metall umdrehen und weitere 2 Minuten grillen.

Ordentlich Rucola auf einer Servierplatte verteilen und die Spieße darauf arrangieren. Die restliche Marinade darüberträufeln und warm servieren.

91

AROMATISCHE GEMÜSEPÄCKCHEN MIT FÜNF GEWÜRZEN

Für 4 Personen

12 mittelgroße Shiitake-Pilze,
    Stiele entfernt
1 kleine Süßkartoffel, in 1 cm
    große Scheiben geschnitten
200 g Daikon-Rettich, in 3 cm
    große Würfel geschnitten
200 g fester Tofu, in 2 cm große
    Stücke geschnitten
2 EL in feine Streifen
    geschnittene Shiso-Blätter
    (siehe Hinweis)
60 ml hochwertige Sojasauce
1 EL Mirin
½ TL Zucker
½ TL chinesisches Fünf-
    Gewürze-Pulver
1 EL Sesamöl

Shiitake-Pilze sind wunderbar aromatisch. Getrocknete Shiitake-Pilze haben sogar einen noch intensiveren Geschmack und sind für dieses Rezept auch gut geeignet. Sie lassen sich gut lagern, sind recht günstig und leicht zu verarbeiten. Gießt einfach kochendes Wasser über die getrockneten Pilze und lasst sie 30 Minuten ziehen. Danach müsst ihr nur noch die Stiele entfernen und schon könnt ihr entweder die ganzen Hüte verwenden oder sie in kleinere Stücke schneiden. Als Beilage passt gedämpfter brauner Reis.

Die Hotplate auf hohe Temperatur vorheizen.

Alle Zutaten in einer großen Schüssel vermischen. Ein großes quadratisches Stück Alufolie (ca. 30 cm) auf der Arbeitsfläche ausbreiten und ein ähnlich großes Stück Backpapier darauflegen.

Ein Viertel der Gemüse-Mischung in die Mitte auf das Backpapier geben und die Seiten der Folie nach oben und zusammenfalten, um das Gemüse in einem Päckchen zu verschließen. Wiederholen, um insgesamt 4 Päckchen zu erhalten.

Die Päckchen zum Garen 12–15 Minuten auf die Hotplate setzen, bis das Gemüse zart und aromatisch ist. Heiß servieren.

HINWEIS: Shiso ist auch unter dem Namen Perilla bekannt. Die Blätter dieser krautigen Pflanze sind grün oder violett, rundlich und an den Rändern gezahnt. Wenn ihr keine Shiso findet, könnt ihr alternativ glatte Petersilie verwenden.

GADO GADO MIT SATAY-SAUCE

Wörtlich übersetzt bedeutet Gado Gado „mischen mischen". Bei unseren Exkursionen mit dem Indonesisch-Sprachkurs haben wir uns neben Lumpia (indonesischen Frühlingsrollen) vor allem von diesem Gericht ernährt. Traditionell belässt man die Zutaten roh. In meiner Version wird das Gemüse gegrillt, bevor es mit der Satay-Sauce serviert wird.

Für die Sauce die Erdnüsse zusammen mit dem Öl bei mittelhoher Temperatur in einer Pfanne erhitzen. Wenn die Erdnüsse beginnen zu zischen, weitere 2–3 Minuten goldbraun rösten. Dann in ein über eine hitzebeständige Schüssel gelegtes Sieb füllen.

Das Öl entsorgen und die heißen Erdnüsse zusammen mit Knoblauch, Chili und Zucker in der Küchenmaschine zerkleinern, bis eine dicke Paste entsteht. In einen mittelgroßen Topf füllen, Kokosmilch und Kecap Manis unterrühren und aufkochen. Die Temperatur reduzieren und das Ganze bei schwacher Hitze noch 20 Minuten köcheln lassen, bis die Mischung cremig ist.

Grill und Hotplate auf hohe Temperatur vorheizen.

Zucchini, Aubergine und Paprika in einer Schüssel mischen. Bohnen und Zwiebeln in eine zweite Schüssel geben. Das Reiskeimöl auf beide verteilen und das Gemüse gut darin schwenken.

Zucchini, Paprika und Aubergine in mehreren Portionen auf dem Grillrost garen, Bohnen und Zwiebeln auf der Hotplate (damit sie nicht durch die Lücken im Rost hindurchfallen). Die Gemüse müssen 10–15 Minuten gegrillt werden und sollten vom Grill genommen werden, sobald sie goldbraun und zart sind. Dabei darauf achten, dass einige Stücke schneller garen als andere. Das gegarte Gemüse zwischenzeitlich in eine Schüssel geben und zum Warmhalten mit Alufolie abdecken.

Das fertig gegarte Gemüse mit Meersalz und frisch gemahlenem schwarzem Pfeffer abschmecken. Auf einem Servierteller anrichten und die Bohnensprossen darauf verteilen. Abschließend die Satay-Sauce daraufgeben oder sie dazu reichen.

2 Zucchini, schräg in dicke Scheiben geschnitten
1 Aubergine, in dicke Scheiben geschnitten
1 rote Paprika, geputzt und in dicke Streifen geschnitten
200 g grüne Bohnen oder Gartenbohnen
2 kleine rote Zwiebeln, in dicke Spalten geschnitten (sodass die einzelnen Blätter am Boden noch verbunden sind)
2 EL Reiskeimöl
Meersalz
Frisch gemahlener schwarzer Pfeffer
115 g Bohnensprossen

SATAY-SAUCE
125 g ungeröstete Erdnüsse
1 ½ EL Pflanzenöl
1 Knoblauchzehe, gehackt
1 kleine rote Chilischote, gehackt
1 ½ EL brauner Zucker
400 ml Kokosmilch
1 EL Kecap Manis

NAKED SAMOSAS

Für 4 Personen

4 mittelgroße, vorwiegend
    mehligkochende Kartoffeln
2 EL mildes Olivenöl, plus etwas
    extra zum Bestreichen
½ TL schwarze Senfkörner
1 Zwiebel, in feine Ringe
    geschnitten
1 Knoblauchzehe, fein gehackt
2 TL fein geriebener Ingwer
¼ TL Kurkuma
1 TL Fenchelsamen
75 g TK-Erbsen, aufgetaut
½ TL Kreuzkümmelsamen
2 TL Meersalz
¼ Chilipulver
½ TL Garam Masala (indische
    Gewürzmischung)
1 kleines Bund Koriander,
    Blätter und Stängel fein
    gehackt, plus etwas zum
    Garnieren

AUSSERDEM
Mango-Chutney zum Servieren
Naturjoghurt zum Servieren

Eigentlich sind Samosas frittierte Teigtaschen mit würzig-scharfer Füllung. Für diese Version wird auf den Teig verzichtet und die ursprüngliche Füllung in vegetarische Burger verwandelt, die sich durch die köstlichen Aromen und Gewürze der indischen Küche auszeichnen. Sie schmecken hervorragend zusammen mit etwas Chutney, Joghurt und Koriander in gegrilltem Naan.

Die Kartoffeln schälen und waschen. In jeweils 8 Stücke schneiden und in einen mittelgroßen Topf geben. Mit kaltem Wasser bedecken und zum Kochen bringen. Etwa 15 Minuten köcheln lassen, bis die Kartoffeln gerade eben gar sind. Abgießen und die Kartoffeln zum Abkühlen und Trocknen auf ein sauberes Schneidebrett geben.

Die Kartoffeln in eine große Schüssel füllen und grob zerstampfen.

Das Olivenöl in einer Pfanne stark erhitzen. Die Senfkörner hinzufügen und erhitzen, bis sie beginnen aufzuplatzen. Dann die Zwiebel hinzugeben und unter Rühren 4–5 Minuten goldbraun anbraten. Knoblauch, Ingwer, Kurkuma und Fenchelsamen hinzufügen und unter ständigem Rühren etwa 1 Minute bei starker Hitze anbraten, bis die Gewürze duften. Erbsen untermengen und die Zwiebel-Erbsen-Mischung zu den Kartoffeln geben. Kreuzkümmel, Meersalz, Chili, Garam Masala und Koriander hinzufügen. Mit einem Rührlöffel alle Zutaten sorgfältig vermengen. Bei Zimmertemperatur 1–2 Stunden ruhen lassen, damit sich die Aromen voll entfalten können, oder bis zur späteren Verwendung in den Kühlschrank stellen.

Mit angefeuchteten Händen 8 etwa gleich große Bällchen aus der Masse formen und diese vorsichtig flach drücken.

Die Hotplate stark erhitzen und mit etwas Olivenöl beträufeln. Die Samosas von jeder Seite 10 Minuten goldbraun braten.

Mit Mango-Chutney, Joghurt und frischem Koriander servieren.

98

POLENTASCHNITTEN MIT AUBERGINEN, TOMATEN & FRISCHEM MOZZARELLA

Für 4 Personen

Diese Polentaschnitten sind einfach der Hit! Das Geheimnis dabei ist, zwei Sorten Instant-Polenta zu verwenden: feine und grobe. Probiert es aus!

Eine Kastenform (25 x 8 x 8 cm) mit Frischhaltefolie auslegen. Brühe in einem mittelgroßen Topf bei starker Hitze aufkochen.

In einer Schüssel beide Sorten Polenta vermischen und unter Rühren mit dem Schneebesen in die kochende Brühe schütten. So lange rühren, bis eine cremige Masse entsteht. Die Hitze reduzieren und noch ca. 1 Minute mit dem Holzlöffel weiterrühren, bis die Polenta wirklich ganz cremig ist. Parmesan, Butter und Kümmel untermischen.

Die Masse mit Hilfe eines Teigschabers in die vorbereitete Kastenform füllen, die Oberfläche glatt streichen und mit Frischhaltefolie abdecken. Mehrere Stunden oder über Nacht in den Kühlschrank stellen, bis die Masse kalt und schnittfest ist.

Auf ein Schneidebrett stürzen und quer in 12 Scheiben schneiden. Den Grill auf hohe Temperatur vorheizen.

Aubergine und Zwiebel zusammen mit 1 Schuss Reiskeimöl in eine Schüssel geben. Mit Salz und frisch gemahlenem schwarzem Pfeffer würzen und gut durchschwenken. Das Gemüse unter häufigem Wenden 8–10 Minuten grillen, bis es goldbraun und zart ist. In eine Schüssel füllen, Petersilie und Chili hinzufügen und alles gut vermischen. Abgedeckt beiseitestellen.

Die Polentaschnitten mit Öl bestreichen und von jeder Seite 3–4 Minuten grillen. Mit Auberginen und Tomaten auf einem Teller arrangieren. Den Mozzarella in groben Stücken darauf verteilen. Olivenöl darüberträufeln und mit Basilikum garnieren.

875 ml Gemüsebrühe
125 g feine Instant-Polenta
125 g grobe Instant-Polenta
50 g Parmesan, fein gerieben
25 g Butter, gewürfelt
½ TL Kümmel
1 kleine Aubergine, in dicke Scheiben geschnitten
1 rote Zwiebel, in dicke Ringe geschnitten
Reiskeimöl
Meersalz
Frisch gemahlener schwarzer Pfeffer
3 EL grob gehackte glatte Petersilie
1 große rote Chilischote, fein gehackt
2 Wildtomaten, in Scheiben geschnitten
200 g Büffelmozzarella

AUSSERDEM
Natives Olivenöl zum Beträufeln
Basilikum zum Garnieren

SHAKSHUKA

Für 4 Personen

60 ml Reiskeimöl
6 reife Tomaten, halbiert
1 kleine gelbe Paprika, geputzt
    und in Streifen geschnitten
1 kleine grüne Paprika, geputzt
    und in Streifen geschnitten
1 kleine rote Paprika, geputzt
    und in Streifen geschnitten
1 rote Zwiebel, in Ringe
    geschnitten
1 große rote Chilischote, geputzt
    und fein gehackt
1 TL gemahlene
    Kreuzkümmelsamen
1 TL Paprikapulver (edelsüß)
1 TL Meersalz
8 Eier
3 EL fein gehackte glatte
    Petersilie

AUSSERDEM
Geröstetes Brot zum Servieren

Arabische Begriffe in das lateinische Alphabet zu übertragen, ist recht kompliziert. Daher gibt es so viele unterschiedliche Schreibweisen von orientalischen Spezialitäten. So auch bei diesem wunderbar aromatischen Gericht aus Nordafrika.
Meiner Meinung nach ist es das vegetarische Pendant zu einem Katerfrühstück mit Eiern und Speck. Schon alleine der Klang des Namens lässt einen aufhorchen.

Den Grill auf hohe Temperatur vorheizen.

Das Öl in eine große Schüssel füllen. Tomaten, Paprika und Zwiebel hinzufügen und im Öl schwenken, damit die einzelnen Stücke rundherum gleichmäßig benetzt sind.

Das Gemüse in mehreren Etappen grillen. Jeweils so viel Gemüse auf dem Grill verteilen, dass sich die einzelnen Stücke nicht überlappen, und unter mehrmaligem Wenden 8–10 Minuten garen, anschließend in eine Schüssel geben. Das übrige Gemüse auf die gleiche Art und Weise grillen.

Chili, Kreuzkümmel, Paprikapulver und Salz unter das gegarte Gemüse mischen. Das Ganze mit einem Kartoffelstampfer zerstoßen. Besonders die Tomaten sollten gut zerkleinert sein. Die Mischung in eine Pfanne mit schwerem Boden füllen und das Ganze auf dem Grill erhitzen, bis die Mischung Blasen wirft.

In gleichmäßigen Abständen 8 gleich große Mulden in die heiße Mischung drücken und jeweils ein Ei hineinschlagen.

Den Deckel des Grills verschließen bzw. ein umgedrehtes tiefes Backblech über die Pfanne mit der Mischung legen und das Ganze 8–10 Minuten erhitzen, bis die Eiweiße gerade eben gestockt sind. Petersilie darüberstreuen und heiß servieren. Auf dem Grill geröstetes Brot dazu reichen.

102

PILZE MIT MANCHEGO-RAREBIT

Für 4 Personen

Manchego ist ein spanischer Käse, nicht unähnlich dem britischen Cheddar. Dieses Gericht ist ein Zwischending von einem Käsefondue und einem Welsh Rarebit, einer britischen Spezialität aus geröstetem Toastbrot, über das eine herzhafte, auf Käse und Bier basierende Sauce gegossen und das abschließend unter dem Ofengrill überbacken wird. Natürlich könnt ihr die Pilze nach Belieben durch eine andere Sorte ersetzen – solange sie nicht zu klein sind!

125 ml Bier
200 g Manchego, gerieben
Olivenöl zum Bestreichen
12 mittelgroße
    Wiesenchampignons

AUSSERDEM
Einige Stängel glatte Petersilie
    zum Garnieren
Geräuchertes Paprikapulver zum
    Bestreuen

Die Hotplate auf hohe Temperatur vorheizen.

Bier und Käse zusammen in einen kleinen Topf geben, bei mäßiger Hitze so lange rühren, bis eine glatte Masse entsteht. Den Topf auf eine warme Stelle des Grills stellen, damit die Masse nicht fest wird.

Eine Lage Backpapier auf die Hotplate legen und leicht mit Olivenöl fetten. Die Pilze mit den Lamellen nach unten auf das Backpapier setzen und 8–10 Minuten erhitzen, bis sie etwas zarter sind.

Dann wenden und die Käse-Mischung in die Hüte füllen. Wenn vorhanden, den Deckel des Grills verschließen oder die Pilze mit einem umgekehrten tiefen Backblech abdecken. 5 Minuten erhitzen, bis die Füllung wieder geschmolzen ist und die Pilze ganz zart sind.

Abschließend mit Petersilie garnieren, etwas Paprikapulver darüberstreuen und heiß servieren.

BEILAGEN & SALATE

Beilagen und Salate spielen häufig nur eine nebensächliche Rolle. Dabei sollte man ihnen als Vorspeise ruhig einmal einen großen Auftritt gönnen.

Was gibt es Besseres als reife, in Scheiben geschnittene Sommertomaten mit ein wenig gutem Olivenöl und Meersalz? Aber noch mehr als einen einfachen Tomatensalat liebe ich es, Dinge auf dem Grill zu garen.

Bei mir zu Hause ist der Grill das ganze Jahr über in Benutzung. Nur Regen könnte mich vom Grillen abhalten, doch selbst dann schätze ich mich glücklich, über eine große überdachte Veranda zu verfügen, um meiner Leidenschaft nachgehen zu können.

Weil ich das ganze Jahr über grille, findet ihr hier auch Rezepte mit Gemüse, das im Hochsommer keine Saison hat. Im Spätsommer nutze ich Auberginen, im Frühjahr Bohnen, Wurzelgemüse und Lauch im Herbst. Und auch gegrilltes Obst wie Feigen oder Pfirsiche machen sich als süßes Topping hervorragend auf bitteren Blattsalaten, Nüssen und Käse.

Am besten habt ihr immer ein säuerliches, leicht scharfes Dressing auf Vorrat. Heißes Grillgemüse lässt sich damit perfekt anmachen und nimmt das ganze Aroma auf. Und denkt daran: Salate sind nicht nur was für den Sommer. Packt euch in den kühleren Monaten in warme Klamotten ein und genießt herzhaftes, wärmendes Gemüse direkt vom Grill.

GEGRILLTER BLUMENKOHL MIT ESSIG-KNOBLAUCH-DRESSING

Für 4–6 Personen

1 kleiner Kopf Blumenkohl,
    ca. 1 kg
2 EL Reiskeimöl
Etwas Meersalz

ESSIG-KNOBLAUCH-DRESSING
1 EL fein gehackter Knoblauch
60 ml mildes Olivenöl
1 TL geräuchertes Paprikapulver
1 kleine Handvoll glatte
    Petersilie, grob gehackt
1 TL Meersalz
60 ml Rotweinessig

Ich bin eigentlich kein großer Freund davon, „hartes" Gemüse zu grillen, doch so wie hier funktioniert es richtig gut. Der Blumenkohl wird zunächst vorgegart, damit er zart wird. Auf dem Grill wird er dann nur noch so weit erhitzt, bis sich sein Geschmack wunderbar mit den Aromen des Dressings verbinden kann.

Für das Dressing den Knoblauch in eine kleine, hitzebeständige Schüssel geben. Das Olivenöl in einem kleinen Topf auf dem Herd bei starker Hitze bis zum Rauchpunkt erhitzen und dann sofort über den Knoblauch gießen, sodass er weich wird und das Öl aromatisiert. Zügig Paprikapulver, Petersilie und Salz unterrühren, dann den Essig zugießen. Beiseitestellen und ziehen lassen.

Den Blumenkohl in große Röschen teilen und diese halbieren. In einem großen Topf Wasser zum Kochen bringen, den Blumenkohl hineingeben. Sobald das Wasser wieder aufkocht, den Topf vom Herd nehmen und den Blumenkohl abseihen. Gut abtropfen lassen, dann zusammen mit dem Reiskeimöl und etwas Meersalz in eine große Schüssel geben und gut durchschwenken.

Den Grill oder die Hotplate auf hohe Temperatur vorheizen. Den Blumenkohl auf dem Grillrost bzw. der Hotplate verteilen und von allen Seiten 2–3 Minuten grillen, sodass die Röschen eine hellbraune Farbe annehmen.

Den gegrillten Blumenkohl zurück in die große Schüssel geben und das Dressing darübergießen. Mindestens 30 Minuten ziehen lassen, damit der Blumenkohl die schmackhaften Aromen aufnehmen kann. Dabei gelegentlich durchmischen. Vor dem Servieren nochmals ordentlich im durchschwenken.

**GRILL IT!
VEGETARISCH**

ISRAELISCHER AUBERGINENSALAT

Wenn ihr der englischen Sprache mächtig seid und ein Kochbuch sucht, in dem ihr gute Tipps zum Garen von Gemüse bekommt, dann empfehle ich euch The Enchanted Broccoli Forest von Mollie Katzen. In den Achtzigern war dieses Buch bestimmt in jeder zweiten Studentenküche in den USA und Australien zu finden. Auch in meinem Bücherregal steht eine stark beanspruchte Ausgabe, in der ich unter anderem die Inspiration für dieses Rezept fand.

2 Auberginen
4 Fleischtomaten

DRESSING
60 ml Olivenöl
60 ml Zitronensaft
2 TL gemahlene
    Kreuzkümmelsamen
2 TL Paprikapulver (rosenscharf)
½ TL Cayennepfeffer
1 Handvoll Koriander, Blätter
    abgezupft
1 Handvoll glatte Petersilie, plus
    einige Blätter zum Garnieren

Den Grill auf hohe Temperatur vorheizen.

Auberginen und Tomaten auf den Grillrost legen und wenden. Wenn es zu rauchen beginnt, das Gemüse wenden. So oft wiederholen, bis das Gemüse von allen Seiten gut gegrillt ist. Dann beiseitestellen.

Wenn die Auberginen ausreichend abgekühlt sind, die Haut entfernen. Es ist kein Problem, wenn hier und da noch einige Reste zurückbleiben – sie verleihen dem Salat ein leckeres rauchiges Aroma. Das Fruchtfleisch der Auberginen mit den Händen in lange Stücke zupfen und in eine Schüssel geben.

Die Tomaten häuten. Das Fruchtfleisch grob hacken und zusammen mit den Samen und dem Saft zu den Auberginen geben. Noch nicht vermengen.

Die Zutaten für das Dressing in eine kleine separate Schüssel geben und gut verrühren. Das Dressing über das Gemüse gießen und dieses mit einem großen Löffel vorsichtig wenden, damit es nicht auseinanderfällt. Zum Schluss die Kräuter unterheben, gegebenenfalls abschmecken.

Warm oder zimmerwarm mit ein paar Blättern Petersilie garniert servieren.

BEILAGEN & SALATE

SÜSSSAURER KÜRBIS

Für 6 Personen

1 kleiner Muskatkürbis
2 EL Reiskeimöl
Meersalz
Frisch gemahlener schwarzer
    Pfeffer

DRESSING
80 ml Rotweinessig
60 ml Olivenöl
2 Knoblauchzehen, fein gehackt
¼ TL Chiliflocken
2 TL brauner Zucker
1 Handvoll Minze, Blätter grob
    gehackt

Die Geschmackskombination süßsauer ist nicht nur in der asiatischen Küche bekannt. Auch die Sizilianer sind Meister darin, allerdings etwas subtiler. Auf jeden Fall ist die Kombination von Zucker und Essig nichts Außergewöhnliches in der süditalienischen Küche.

Den Kürbis mit Hilfe eines großen Messers halbieren. Die Kerne mit einem Metalllöffel aus dem Inneren entfernen und entsorgen. Die Schnittseite auf ein Schneidebrett legen und die Kürbishälfte entlang der Rillen in dicke Spalten schneiden. Mit der zweiten Kürbishälfte wiederholen.

Die Kürbisspalten zusammen mit dem Reiskeimöl in eine große Schüssel geben, mit Salz und frisch gemahlenem schwarzem Pfeffer abschmecken und gut durchschwenken.

In einer kleinen separaten Schüssel die Zutaten für das Dressing gründlich vermischen, damit sich der Zucker auflöst. Dann beiseitestellen.

Die Hotplate auf mittelhohe Temperatur vorheizen.

Die Kürbisspalten auf der Hotplate verteilen (Schnittseite nach unten) und 10 Minuten grillen. Wenden und weitere 5–10 Minuten grillen, bis das Kürbisfleisch gar ist, aber noch Biss hat.

Die heißen Kürbisspalten in eine große Schüssel geben. Das Dressing darüber verteilen und den Kürbis darin schwenken. Nach Belieben abschmecken.

Warm oder zimmerwarm servieren.

FEIGENSPIESSE MIT SALAT VON RUCOLA, PARMESAN & GRANATAPFEL

Für 4 Personen

2 EL natives Olivenöl
90 g junger Rucola
Meersalz
Frisch gemahlener schwarzer
    Pfeffer
8 reife Feigen (nicht zu weich)
1 EL Granatapfelsirup
50 g Parmesan, gehobelt
3 EL frische Granatapfelkerne

AUSSERDEM
2 Zitronen, in 3 cm dicke
    Scheiben geschnitten, zum
    Servieren

Frische Feigen haben nur kurz Saison – und das macht sie zu etwas ganz Besonderem. Dieses Jahr habe ich die Gelegenheit genutzt und allerhand mit Feigen ausprobiert. Als Süßspeise serviere ich reife Feigen zu leicht gesüßtem, mit Orangensaft aromatisiertem Mascarpone, dazu Mandeln und Bio-Honig. Für eine simple, herzhafte Zubereitung könnt ihr die Feigen einfach halbieren, aufspießen und grillen und sie dann warm mit etwas frisch gehobeltem Parmesan genießen.

4 Bambusspieße 30 Minuten in kaltem Wasser einweichen.
    Den Grill auf hohe Temperatur vorheizen.
    Das Olivenöl in eine große Schüssel geben und den Rucola darin schwenken. Mit Salz und frisch gemahlenem schwarzem Pfeffer abschmecken. Den angemachten Rucola auf einem Servierteller verteilen.
    Die Feigen halbieren und jeweils 4 Hälften auf einen Bambusspieß stecken, dann mit Granatapfelsirup bestreichen. Die Feigenspieße unter häufigem Wenden 5–6 Minuten grillen, bis sie karamellisiert sind.
    Die fertigen Spieße auf dem Rucola arrangieren. Parmesan und Granatapfelkerne darüberstreuen.
    Warm servieren und die Zitronenscheiben dazu reichen, um den Saft frisch über die Spieße träufeln zu können.

GEGRILLTES SOMMERGEMÜSE

Für 8 Personen

Dieses einfache, dafür aber umso köstlichere Rezept solltet ihr unbedingt in eurem Repertoire haben. Aus gehacktem Knoblauch, Chilischoten, Petersilie, etwas Öl und etwas Säure (z.B. Essig oder Zitronensaft) mischt ihr zunächst ein simples Dressing, anschließend schwenkt ihr das Grillgemüse eurer Wahl darin. Im Sommer bevorzuge ich dafür Auberginen, Tomaten und Gartenbohnen.

Die Zutaten für das Dressing in einer kleinen Schüssel verrühren und abgedeckt ziehen lassen.

Den Grill und die Hotplate auf hohe Temperatur vorheizen.

Die Tomatenhälften auf der heißen Hotplate (auf dem Grillrost würden sie haften bleiben) und die Auberginen auf dem Grillrost verteilen. Abhängig von der Größe eures Grills müsst ihr das Gemüse gegebenenfalls in mehreren Etappen grillen. Das Gemüse sollte sich nicht überlappen. Unter häufigem Wenden grillen, bis es zart und goldbraun ist.

Das gegrillte Gemüse in eine große Schüssel geben und etwas Dressing darüber verteilen, solange es noch warm ist. Das Gemüse aber nicht umrühren, sonst fällt es auseinander.

Bohnen und Zwiebeln grillen wie oben beschrieben und zu den Tomaten und Auberginen geben. Das restliche Dressing darüber verteilen und den Salat dann auf einem Servierteller anrichten. Zimmerwarm servieren.

1 kg Roma-Tomaten, längs halbiert
2 große Auberginen, in große Stücke geschnitten
500 g Gartenbohnen
2 rote Zwiebeln, in feine Ringe geschnitten

DRESSING
4 Knoblauchzehen, fein gehackt
2 große rote Chilischoten, fein gehackt
1 Handvoll glatte Petersilie, grob gehackt
125 ml Olivenöl
60 ml Sherry-Essig
1 TL Meersalz

115

BEILAGEN & SALATE

WÜRZIGER SÜSSKARTOFFEL-SALAT

Für 4 Personen

Einige Zutaten können Speisen eine wärmende Wirkung verleihen, wenn man sie zurückhaltend einsetzt. Kümmel gehört dazu. Verwendet nur ein kleines bisschen (so, wie ihr es mit Fenchelsamen machen würdet) und ihr werdet euch hinterher fragen, was dieses besondere Aroma ausmacht. Es schmeckt einfach köstlich.

1 mittelgroße Süßkartoffel,
    in 5 mm dicke Scheiben
    geschnitten
2 EL Reiskeimöl
1 TL Kümmelsamen
2 saure Gurken, fein gehackt
3 EL grob gehackte Minzblätter
1 große rote Chilischote, geputzt
    und fein gehackt
2 EL Apfelessig
60 ml natives Olivenöl
1 TL Zucker
Meersalz
Frisch gemahlener schwarzer
    Pfeffer

Den Grill auf mittelhohe Temperatur vorheizen.

Süßkartoffel, Reiskeimöl und Kümmelsamen zusammen in eine Schüssel geben und gut durchschwenken, sodass das Gemüse rundherum benetzt ist.

Die Süßkartoffelscheiben auf den Grillrost geben und mit der Grillzange verteilen, sodass sich die einzelnen Stücke nicht überlappen. Von beiden Seiten 8–10 Minuten garen, bis die Scheiben karamellisiert und zart sind.

Die heißen gegrillten Süßkartoffelscheiben in eine große Schüssel geben. Die Gurkenstückchen, gehackte Minze und Chilischote untermischen. In einer kleinen separaten Schüssel Essig, Olivenöl und Zucker verrühren. Diese Mischung über die Süßkartoffeln träufeln und dann vorsichtig untermischen. Abgedeckt 30 Minuten ziehen lassen, damit sich die Aromen voll entfalten können.

Vor dem Servieren mit Meersalz und frisch gemahlenem schwarzem Pfeffer abschmecken.

119

BEILAGEN & SALATE

SCHARFE PASTINAKEN

Für 4–6 Personen

3 EL mildes Olivenöl
1 TL Kurkuma
1 TL Fenchelsamen
1 TL Kreuzkümmelsamen
¼ TL Chilipulver
1 TL Meersalz
1 kg mittelgroße Pastinaken
Meersalz
Frisch gemahlener schwarzer
    Pfeffer
3 EL Minzblätter

AUSSERDEM
Zitronenspalten zum Servieren

Pastinaken auf dem Grill zu garen, mag erst einmal seltsam wirken. Ich grille das Wurzelgemüse vor allem im Winter, wenn es überall zu günstigen Preisen erhältlich ist. Die Pastinaken müssen vorgegart werden, auf dem Grill würden sie sonst verbrennen, noch bevor sie zart sind.

Das Olivenöl in eine große Schüssel geben und Kurkuma, Fenchelsamen, Kreuzkümmelsamen, Chilipulver und Salz unterrühren. Wasser in einem großen Topf aufkochen. Die Pastinaken schälen und längs halbieren. In das kochende Wasser geben und 4–5 Minuten darin garen, bis sie etwas zarter sind. Abseihen und gut abtropfen lassen.

Die warmen Pastinaken in die Schüssel mit dem gewürzten Öl geben und darin schwenken, sodass sie rundherum benetzt sind. Abdecken und bei Zimmertemperatur 1 Stunde ziehen lassen.

Die Hotplate auf hohe Temperatur vorheizen.

Die Schüssel mit den Pastinaken in die Nähe des Grills stellen. Die Pastinaken mit der Grillzange herausheben und überschüssiges Öl in die Schüssel tropfen lassen. Die Pastinaken auf der Hotplate verteilen, ohne dass die einzelnen Stücke sich überlappen. Das überschüssige Öl beiseitestellen.

Die Pastinaken von jeder Seite ca. 5 Minuten garen, bis sie zart und leicht gebräunt sind. Nun das zurückbehaltene Gewürzöl über die Pastinaken auf der Hotplate träufeln und noch einige Sekunden grillen.

Pastinaken auf einem Servierteller anrichten, mit Meersalz und frisch gemahlenem schwarzem Pfeffer abschmecken. Zum Schluss die Minze darüberstreuen.

Warm servieren und Zitronenspalten dazu reichen.

GRILL IT!
VEGETARISCH

MUTIGE KARTOFFELN

Für 4 Personen

Diejenigen unter euch, die ein klein wenig Spanisch sprechen, werden sofort bemerkt haben, dass es sich hier um die berühmten Patatas Bravas handelt – ein häufig schlecht imitiertes Nationalgericht. Kartoffeln sollten nicht kalt und runzelig gegessen werden. Kalt ist o. k., aber nicht runzelig, doch leider werden sie so häufig von faulen Köchen serviert. Dabei ist es wirklich ein Kinderspiel, die Kartoffeln so zuzubereiten, dass sie ihrem Namen alle Ehre machen.
Zu diesem Gericht schmeckt ein Glas kühler Rosé oder ein spanisches Bier.

4 große, festkochende Kartoffeln, geputzt, aber nicht geschält
1 EL Olivenöl
1 TL Meersalz

SAUCE
250 g passierte Tomaten
85 g hochwertige Mayonnaise
2 Knoblauchzehen, zerdrückt
2 EL Weißweinessig
1 TL Geräuchertes Paprikapulver
1 TL gemahlene Kreuzkümmelsamen
1 TL Chiliflocken
Meersalz
Frisch gemahlener schwarzer Pfeffer

AUSSERDEM
1 Handvoll glatte Petersilie, grob gehackt
Natives Olivenöl zum Beträufeln

Die Zutaten für die Sauce in einer mittelgroßen Schüssel vermischen. Gegebenenfalls mit Meersalz und frisch gemahlenem schwarzem Pfeffer abschmecken. Abgedeckt ziehen lassen, während die Kartoffeln zubereitet werden, damit sich die Aromen entfalten können.

Die Hotplate auf mittelhohe Temperatur vorheizen.

Die Kartoffeln in 5 mm dicke Scheiben schneiden (nicht dicker). Zusammen mit Olivenöl und Salz in eine große Schüssel geben und darin schwenken, damit die Scheiben rundherum benetzt werden.

Die Kartoffeln auf die Hotplate geben und mit der Grillzange verteilen, sodass sie sich nicht überlappen. Den Deckel des Grills schließen – wenn vorhanden – und die Kartoffeln in ca. 10 Minuten von der Unterseite goldbraun grillen. (Wenn euer Grill keinen Deckel hat, dann gart die Kartoffeln einfach bei einer etwas niedrigeren Temperatur ein paar Minuten länger.) Die Kartoffeln wenden, (gegebenenfalls) den Deckel erneut schließen und weitere 5–6 Minuten garen, bis auch die zweite Seite goldbraun ist.

Die Sauce in die Mitte eines großen Serviertellers geben. Die Kartoffeln darauf verteilen, mit Petersilie bestreuen und Olivenöl darüberträufeln. Heiß servieren.

ARME-LEUTE-KARTOFFELN

Für 6–8 Personen

1 kg Frühkartoffeln, halbiert
2 rote Zwiebeln, in breite Ringe
    geschnitten
2 grüne Paprika, geputzt und in
    breite Streifen geschnitten
4 Knoblauchzehen, in feine
    Scheiben geschnitten
2 Lorbeerblätter
3 EL grob gehackte glatte
    Petersilie
60 ml Olivenöl
60 ml Weißwein
1 TL geräuchertes Paprikapulver
1 TL Meersalz

AUSSERDEM
Mayonnaise von guter Qualität
    zum Servieren

Rezeptnamen wie dieser stammen aus einer Zeit, als die Ernährung noch Aufschluss über die gesellschaftliche Klasse gab. Wer Kartoffeln aß, galt eben als arm. Dabei sind sie so köstlich – ob frittiert als Pommes, zusammen mit Sahne zu Püree gestampft, langsam in einem Curry geschmort ... oder mit ein paar aromatischen Kräutern in Folie gegrillt, so wie hier.

2 große Stücke Alufolie (je ca. 30 cm lang) übereinander auf der Arbeitsfläche ausbreiten. 2 Stücke Backpapier in ähnlicher Größe vorbereiten, anfeuchten und auf die Folie legen.

Die Hotplate auf mittelhohe Temperatur vorheizen. Den Deckel des Grills schließen. (Wenn euer Grill keinen Deckel hat, könnt ihr die Kartoffeln auch einfach bei etwas niedrigerer Temperatur langsamer garen.

Alle Zutaten in einen großen, sauberen Gefrierbeutel füllen. Den Beutel gut verschließen und kräftig schütteln, sodass die Zutaten ordentlich vermischt werden. Den Inhalt des Beutels in die Mitte des Backpapiers schütten. Die Ecken der Folie anheben, zusammenfalten und eindrehen, sodass ein großes Päckchen entsteht. Die Folie an den Seiten mit Küchengarn oder Holzwäscheklammern zusammenhalten.

Das Päckchen auf die Hotplate setzen, den Deckel des Grills erneut schließen und 20 Minuten backen. Dann den Deckel öffnen, das Päckchen mit einem sauberen Küchentuch anheben, gut festhalten und vorsichtig schütteln, sodass alles gut vermengt wird. Das Päckchen zurück auf die Hotplate geben und bei geschlossenem Deckel weitere 15 Minuten garen, bis die Kartoffeln zart sind.

Warm oder zimmerwarm mit einem ordentlichen Klecks Mayonnaise servieren.

124

**GRILL IT!
VEGETARISCH**

GEGRILLTE ZWIEBELN MIT ZITRONEN-SOJASAUCE

Für 4 Personen

Auf dem Grill gegarte Zwiebeln verströmen einfach einen so wunderbaren Duft und sind bei einem Barbecue nicht wegzudenken. Hier werden die Zwiebeln mit ein paar einfachen Aromen kombiniert – superlecker!

Den Grill auf hohe Temperatur vorheizen.

Die Zwiebelringe zusammen mit dem Öl in eine große Schüssel geben und schwenken, sodass sie gleichmäßig benetzt sind. Dann auf den Grillrost gleiten lassen und das Salz darüberstreuen. Die Zwiebelringe dann mit der Grillzange auf dem Rost verteilen, sodass sich die einzelnen Ringe nicht überlappen. Unter häufigem Wenden 10–15 Minuten grillen, bis sie goldbraun und gar sind.

Die Zwiebelringe auf einem Servierteller verteilen. In einer kleinen Schüssel Sojasauce, Zitronensaft und Mirin vermischen und diese Mischung über die Zwiebeln gießen, solange diese noch warm sind.

Shichimi Togarashi darüberstreuen und servieren.

HINWEIS: Shimchi Togarashi ist ein japanisches Gewürzpulver. Der Name bedeutet übersetzt etwa Sieben-Gewürze-Chilipfeffer. Diese scharfe Mischung enthält unter anderem rote Chilischoten, Sesamsamen, Ingwer und Algen und wird zum Würzen auf Suppe, Nudeln und frittierte Speisen gestreut. In Asialäden und Gewürzläden ist Shichimi Togarashi in der Regel erhältlich.

4 weiße Zwiebeln, in dicke Ringe geschnitten
2 EL Reiskeimöl
1 TL Meersalz
60 ml Tamari (japanische Sojasauce)
60 ml Zitronensaft
1 EL Mirin
1 TL Shichimi Togarashi (siehe Hinweis)

GEGRILLTE MAISKOLBEN MIT SCHARFER SALSA

Für 4 Personen

4 frische Maiskolben
60 g zerlassene Butter
Meersalz
Frisch gemahlener schwarzer
   Pfeffer
35 g Parmesan, fein gerieben

SALSA
2 EL Olivenöl
1 EL Limettensaft
3 EL fein gehackte rote
   Spitzpaprika oder rote
   Gemüsepaprika
3 EL gehackte, in Salzlacke
   eingelegte Jalapeño, gut
   abgetropft
3 EL grob gehackter Koriander
   (Blätter und Stängel)
2 Frühlingszwiebeln, in feine
   Ringe geschnitten

Schon in meinem Kochbuch Fired up gab es ein Rezept für gegrillte Maiskolben, das sich als besonders beliebt herausstellte. Der gegrillte Mais wird mit Butter, Limettensaft und Parmesan serviert. Der Parmesan sorgt für eine wunderbar herzhafte Note – „umami", wie die Japaner es nennen würden.

Die Zutaten für die Salsa in einer großen Schüssel vermischen und abgedeckt beiseitestellen.

Die Hotplate auf hohe Temperatur vorheizen.

Die Maiskolben rundherum mit etwas geschmolzener Butter bestreichen und 8–10 Minuten auf der Hotplate garen, dabei alle paar Minuten wenden und mit etwas mehr Butter bestreichen, bis der Mais Farbe nimmt.

Die gegrillten Kolben auf einen Teller legen. Mit Salz und frisch gemahlenem schwarzem Pfeffer würzen. Abschließend den geriebenen Parmesan darüberstreuen.

Warm servieren und die Salsa dazu reichen.

**GRILL IT!
VEGETARISCH**

GEGRILLTE AUBERGINE MIT CHIPOTLE-LABNEH

Für 4–6 Personen

Labneh ist ein leicht säuerlicher, weicher, aus gesalzenem und sanft gepresstem Joghurt hergestellter Käse. Er lässt sich verdammt leicht selbst zubereiten: Pro 225 Gramm Naturjoghurt braucht man 1 Teelöffel Salz. Beides gut verrühren, in ein sauberes Mulltuch einschlagen und die Enden des Tuches fest über dem Joghurt zusammenbinden. Über eine Schüssel hängen, sodass das Wasser abtropfen kann, und über Nacht in den Kühlschrank stellen.

Die Zutaten für den Chipotle-Labneh im Standmixer grob pürieren. Es sollten noch einige feine Stücke der Chipotle-Schoten in der Masse zu erkennen sein. Beiseitestellen.

Den Grill auf hohe Temperatur vorheizen.

Die Auberginen der Länge nach halbieren und in dicke Scheiben schneiden. In eine Schüssel geben, das Reiskeimöl darüberträufeln und die Auberginen darin schwenken.

Die Auberginen auf dem Grillrost verteilen, sodass sich nichts überlappt. Unter mehrmaligem Wenden 10–15 Minuten grillen, bis sie rundherum eine schöne goldbraune Farbe haben.

Die gegrillten Auberginen in eine Schüssel füllen. Knoblauch, Zitronensaft und Kräuter hinzufügen und das Ganze schwenken, solange die Auberginen noch heiß sind.

Auf einem Servierteller verteilen und mit Olivenöl beträufeln. Dazu eine ordentliche Portion Chipotle-Labneh servieren.

HINWEIS: Chipotle sind geräucherte Jalapeño-Schoten und werden häufig eingelegt in Adobo, einer scharfen Tomatensauce, verkauft. Erhältlich sind sie in gut sortierten Supermärkten.

2 kleine Auberginen, nicht länger als 15 cm
2 EL Reiskeimöl
1 Knoblauchzehe, zerdrückt
2 EL Zitronensaft
3 EL grob gehackte Minzblätter
3 EL grob gehackte glatte Petersilie
Natives Olivenöl zum Beträufeln

CHIPOTLE-LABNEH
2 Chipotle in Adobo-Sauce, plus 1 weiterer EL der Sauce (siehe Hinweis)
300 g Labneh

129

SIZILIANISCHER GRILLGEMÜSE-SALAT

Für 4–6 Personen

2 mittelgroße Auberginen
1 kleiner Kopf Blumenkohl
1 EL mildes Olivenöl
Meersalz
Frisch gemahlener schwarzer
    Pfeffer

DRESSING
125 ml Olivenöl
2 EL Rotweinessig
2 Knoblauchzehen, zerdrückt
1 Handvoll Minze, Blätter grob
    gehackt
1 Handvoll glatte Petersilie,
    Blätter grob gehackt
1 Handvoll Basilikum, Blätter
    abgezupft
2 EL kleine, in Salzlake
    eingelegte Kapern, abgespült
    und abgetropft
½ TL Zucker
45 g Rosinen

Ich verwende hier Auberginen und Blumenkohl, ihr könnt aber genauso gut Zucchini, Broccolini (eine Kreuzung aus Brokkoli und Kai-lan) und Paprika nehmen. Im Grunde genommen eignet sich jedes Gemüse, ihr müsst nur das Dressing über das frisch gegrillte Gemüse geben, damit es so viel wie möglich davon aufsaugen kann – ein bisschen so wie eine Marinade, bloß in umgekehrter Reihenfolge.

Alle Zutaten für das Dressing in einer großen Schüssel vermischen.

Den Grill auf mittlere Temperatur vorheizen.

Die Auberginen in 1 cm dicke Scheiben und den Blumenkohl in mundgerechte Röschen schneiden. Zusammen mit dem Olivenöl in eine Schüssel geben, mit Salz und frisch gemahlenem schwarzem Pfeffer würzen und gut durchschwenken, damit das Gemüse rundherum gleichmäßig benetzt ist.

Auberginen und Blumenkohl auf dem Grillrost verteilen, ohne dass sich die einzelnen Stücke überlappen. 8–10 Minuten grillen, dann wenden und weitere 5 Minuten von der anderen Seite fertig garen.

Das gegrillte Gemüse in eine große Schüssel geben, das Dressing darübergießen und alles gut durchschwenken. Mit Frischhaltefolie abdecken und bei Zimmertemperatur 30 Minuten bis 1 Stunde ziehen lassen, damit sich die Aromen voll entfalten können.

Vor dem Servieren noch einmal durchmischen und nach Belieben abschmecken.

**GRILL IT!
VEGETARISCH**

GEGRILLTER KÜRBIS MIT LINSEN UND SAUER-SCHARFEM DRESSING

Für 4 Personen

Es wird nicht das letzte Mal gewesen sein, dass ich Dressing auf diese Art zubereite. Wenn man Gewürze und Kräuter behutsam in Öl erhitzt, setzen sie ihre Aromen frei und verleihen dem Öl einen ganz besonderen Geschmack.

Für das Dressing Olivenöl, Chili und Knoblauch in einen kleinen Topf geben und bei mittlerer Temperatur erhitzen. Wenn es leicht zu brutzeln beginnt, das Ganze nur noch 1–2 weitere Minuten erhitzen. Vom Herd nehmen, Essig, Zucker und Salz hinzufügen und verrühren, bis sich Zucker und Salz aufgelöst haben. In eine kleine Schüssel oder Sauciere füllen und abgedeckt ziehen lassen.

Die Linsen in einen kleinen Topf geben und ausreichend mit Wasser bedecken. Aufkochen, dann die Temperatur reduzieren und bei schwacher Hitze sieden lassen, bis sie gar, aber nicht weich sind. Abhängig vom Alter der Linsen kann das 5–20 Minuten dauern. Abseihen, gut abtropfen lassen und beiseitestellen.

Den Grill auf mittelhohe Temperatur vorheizen.

Den Kürbis halbieren und die Kerne mit Hilfe eines Löffels aus dem Inneren entfernen. Den Kürbis ungeschält in 2 cm breite Spalten schneiden. Rundherum mit Reiskeimöl bestreichen. Von jeder Seite 10 Minuten grillen, bis die Kürbisspalten durchgegart und gut gebräunt sind. Dabei aber darauf achten, dass das Kürbisfleisch nicht zu sehr anbrennt.

Die heißen Kürbisspalten zusammen mit den Zwiebelringen, Kräutern und Linsen in eine große Schüssel geben. Das Dressing umrühren, dann über die anderen Zutaten gießen. Vorsichtig schwenken, um das Ganze zu vermengen. Warm servieren.

55 g Puy-Linsen oder Grüne Linsen
1 Hokkaido- oder Butternusskürbis, ca. 2 kg
1 EL Reiskeimöl
1 rote Zwiebel, in feine Ringe geschnitten
1 Handvoll junge Minze, Blätter abgezupft
1 Handvoll glatte Petersilie, Blätter abgezupft

SAUER-SCHARFES DRESSING
60 ml mildes Olivenöl
1 große rote Chilischote, in feine Ringe geschnitten
4 Knoblauchzehen, in feine Scheiben geschnitten
60 ml Weißweinessig
2 EL Zucker
½ TL Meersalz

133

BEILAGEN & SALATE

INDISCH GEWÜRZTE AUBERGINE

Für 4–6 Personen

2 mittelgroße Auberginen
2 EL Reiskeimöl
3 TL Meersalz
2 EL Olivenöl
1 Knoblauchzehe, zerdrückt
1 TL gemahlener Kreuzkümmel
½ TL Chilipulver
1 Bund Minze, Blätter abgezupft
125 g Labneh (gepresster Käse aus Joghurt, siehe Einleitungstext S. 129)

Hier werden die Gewürze und das Öl zur frisch gegarten Aubergine gegeben. Die Hitze des gegrillten Gemüses setzt die Aromen frei. Auberginen eignen sich besonders gut für diese Art der Zubereitung, weil sie viel Flüssigkeit aufnehmen können – beim Braten ist dir vielleicht schon einmal aufgefallen, wie viel Öl sie aufsaugen.

Den Grill auf mittelhohe Temperatur vorheizen.

Die Auberginen der Länge nach in große Spalten schneiden. Reiskeimöl und Salz in eine große Schüssel geben, die Auberginen hinzufügen und ordentlich schwenken. Dann auf dem Grillrost verteilen und unter mehrmaligem Wenden 12–15 Minuten goldbraun grillen. In eine Schüssel geben.

In einer kleinen separaten Schüssel Olivenöl, Knoblauch, Kreuzkümmel und Chilipulver verrühren. Das Dressing über das Gemüse gießen, solange es noch heiß ist. Vorsichtig schwenken, um die Auberginen rundherum mit dem Gewürzöl zu bedecken.

Die Auberginenspalten auf einem Servierteller arrangieren und die Minzblätter darüberstreuen. Warm servieren. Dazu den Labneh reichen.

GEGRILLTER PANEER MIT SPINATSALAT

Für 4 Personen

Der Salat sollte fertig vorbereitet sein, wenn ihr den Paneer grillt. Der goldbraune Käse wird dann zusammen mit einem einfachen Dressing unter die knackigen Blätter gemischt. Die Wärme des Paneers lässt den Spinat etwas weich werden und verstärkt die Aromen des Dressings.

Den Grill bzw. die Hotplate auf hohe Temperatur vorheizen.

Spinat, Tomaten, Frühlingszwiebeln und Koriander in einer großen Schüssel vermischen. Beiseitestellen.

Den Paneer mit Küchenpapier trocken tupfen und in 2 cm große Würfel schneiden. In eine Schüssel geben, etwas Olivenöl darüberträufeln und durchschwenken, sodass der Käse rundherum benetzt ist. Auf dem Grillrost oder der Hotplate verteilen und unter regelmäßigem Wenden 8 Minuten grillen, bis der Paneer rundherum goldbraun ist.

Den warmen Käse zusammen mit Kreuzkümmel, Olivenöl und Zitronensaft zum Spinat geben. Mit Meersalz und frisch gemahlenem schwarzem Pfeffer abschmecken und vorsichtig durchmischen.

Servieren, solange der Paneer noch warm ist.

200 g Babyspinat
200 g Cocktail- oder
    Cherrytomaten, halbiert
2 Frühlingszwiebeln, schräg in
    dünne Ringe geschnitten
1 kleine Handvoll Koriander,
    Blätter und Stängel gehackt
200 g Paneer (indischer
    Frischkäse, siehe
    Hinweis S. 75)
2 EL Olivenöl, plus etwas extra
    zum Beträufeln
1 TL gemahlene
    Kreuzkümmelsamen
2 EL Zitronensaft
Meersalz
Frisch gemahlener schwarzer
    Pfeffer

AUBERGINE AUF BALINESISCH MIT TOMATEN-SAMBAL

Für 4 Personen

2 Auberginen
Pflanzenöl zum Bestreichen

SAMBAL
4 reife Tomaten
4 Knoblauchzehen, ungeschält
2 rote Thai-Schalotten,
    ungeschält
1 Würfel Gemüsebrühe (Instant),
    möglichst glutenfrei
1 kleine rote Chilischote
¼ TL frisch gemahlener weißer
    Pfeffer
2 EL brauner Zucker

AUSSERDEM
Limettenspalten zum Servieren

Sambal hat auf Bali und in Indonesien eine ähnliche Bedeutung wie Harissa in Marokko. Es handelt sich um eine unverfälschte Chilisauce – scharf, würzig und mit dem gewissen Kick. Sambal wird unter Currys gemischt und als Würzmittel zu gegrilltem Fleisch gereicht.

Den Grill auf hohe Temperatur vorheizen.

Zunächst das Sambal zubereiten. Dafür Tomaten, Knoblauch und Schalotten unter mehrmaligem Wenden 8–10 Minuten grillen. Wenn es rundherum gut gebräunt ist, das Gemüse vom Grill nehmen, abkühlen lassen und anschließend schälen.

Das Fruchtfleisch von Knoblauch und Tomaten zusammen mit Schalotten, dem Brühwürfel, Chilischote, Pfeffer und Zucker in der Küchenmaschine pürieren, bis eine glatte Masse entstanden ist. Diese in einen kleinen Topf füllen und bei mäßiger Hitze 10 Minuten köcheln lassen, bis sie leicht angedickt ist. In eine kleine Schüssel füllen und abkühlen lassen.

Den Grill auf mittelhohe Temperatur vorheizen.

Die Auberginen jeweils längs halbieren, das Fruchtfleisch mehrmals diagonal und über Kreuz einschneiden und mit Öl bestreichen. Dann mit der Schnittseite nach unten auf den Grill legen und 8–10 Minuten goldbraun grillen.

Die Auberginen wenden und von der anderen Seite weitere 5 Minuten grillen, bis sie etwas zusammengefallen sind und das Fruchtfleisch zart ist.

Zum Servieren etwas Sambal über die Auberginen geben. Limettenspalten dazu reichen.

GEGRILLTER FENCHEL MIT CHILI & KRÄUTERN

Für 4 Personen

Fenchel ist einfach köstlich. Mit den feinen Spitzen des Grüns lassen sich Dressings und Mayonnaise verfeinern. Und die fleischigen Knollen können auf alle möglichen Arten zubereitet werden, man verwendet sie in Nudelsaucen, Risotto, Minestrone oder auch geschmort als Beilage. Auch getrocknete Fenchelsamen sind aus meinem Gewürzschrank nicht mehr wegzudenken. Ich verwende sie vor allem für indisch oder italienisch inspirierte Rezepte.

4 mittelgroße Fenchelknollen, am besten mit Grün
2 Knoblauchzehen, gehackt
3 EL Olivenöl
2 EL Rotweinessig
2 TL Dijon-Senf
½ TL Meersalz
Chiliflocken nach Belieben
1 Handvoll glatte Petersilie, Blätter fein gehackt
1 Handvoll Minze, Blätter fein gehackt

Gegebenenfalls das Grün von den Fenchelknollen schneiden und grob hacken. Eine kleine Handvoll davon beiseitelegen.

Die Fenchelknollen längs in 5 mm dicke Scheiben schneiden. Zusammen mit dem Knoblauch und 1 Esslöffel Olivenöl in eine Schüssel geben, schwenken und abgedeckt bei Zimmertemperatur 30 Minuten ziehen lassen.

In einer separaten großen Schüssel das übrige Olivenöl mit den anderen Zutaten für das Kräuterdressing vermischen.

Den Grill auf hohe Temperatur vorheizen.

Die Hälfte des marinierten Fenchels auf dem Grillrost ausbreiten es sollte sich dabei nichts überlappen. Von jeder Seite 4–5 Minuten grillen, bis der Fenchel golden und die Knoblauchscheiben gebräunt sind und aromatisch duften. Den heißen Fenchel im Kräuterdressing schwenken.

Mit dem restlichen Fenchel ebenso verfahren und schließlich das Gemüse mit dem Kräuterdressing vermischen. Warm oder zimmerwarm servieren, gegebenenfalls mit dem gehackten Fenchelgrün bestreuen.

GEGRILLTE GRÜNE BOHNEN MIT MISO-DRESSING

Für 4 Personen

300 g grüne Bohnen
1 EL Reiskeimöl
½ TL schwarze Sesamsamen

MISO-DRESSING
3 EL weißes Miso
1 TL feinster Zucker
2 EL Sake
1 TL Tamari (japanische
    Sojasauce) oder helle
    Sojasauce
½ TL Sesamöl

In Deutschland haben grüne Bohnen von Mitte Mai bis Oktober Saison. Am besten haltet ihr auf einem Bauernmarkt danach Ausschau, anstatt sie fertig abgepackt und überteuert im Supermarkt zu kaufen. Das Miso-Dressing schmeckt übrigens auch hervorragend zu gegrillter Aubergine.

Die spitzen Enden und den Faden der Bohnen entfernen, sie dabei aber möglichst nicht zu kurz schneiden.

Die Zutaten für das Miso-Dressing in der Küchenmaschine pürieren. Bei laufender Maschine 60 ml heißes Wasser zugießen, die Mischung wird dadurch heller. Beiseitestellen, während die Bohnen zubereitet werden.

Die Hotplate auf hohe Temperatur vorheizen.

Das Reiskeimöl in eine große Schüssel füllen und die Bohnen darin schwenken. Auf die Hotplate geben und mit der Grillzange verteilen, damit sie sich nicht überlappen. Unter häufigem Wenden 4–5 Minuten grillen, bis die Bohnen gleichmäßig gegart und gebräunt sind.

Die gegrillten Bohnen in eine Schüssel geben und mit Sesamsamen bestreuen. Das Miso-Dressing darüber verteilen oder separat dazu reichen.

144

GEGRILLTER LAUCH MIT SENF-MISO-DRESSING

Für 4 Personen

Ihr verwendet am besten jungen Lauch für dieses Gericht, da er besonders frisch und zart ist. Die großen Stangen tun es aber auch, sie brauchen bloß ein wenig länger auf dem Grill und auch das Putzen wird etwas mehr Zeit in Anspruch nehmen.

Den Grill auf hohe Temperatur vorheizen.

Die Lauchstangen gut putzen, sodass die Wurzeln vollständig von Erdresten befreit sind. Mit klarem Wasser abspülen und gut abtropfen lassen. In eine flache Form legen, Öl und Salz hinzufügen und die Lauchstangen darin wenden.

Die Zutaten für das Dressing in einer kleinen Schüssel vermischen. Das Miso dabei am besten mit einer Gabel zerdrücken und das Ganze so lange schlagen, bis keine Klümpchen mehr zu sehen sind.

Die Lauchstangen unter häufigem Wenden 8–10 Minuten grillen, sie sollten gleichmäßig zart und goldbraun sein. Auf einen Servierteller geben und das Dressing darüber verteilen. Abschließend die Sesamsamen darüberstreuen. Warm servieren.

16 Stangen junger Lauch
2 EL Reiskeimöl
1 TL Meersalz
2 TL Sesamsamen, geröstet

SENF-MISO-DRESSING
2 EL weißes Miso
2 TL scharfer Englischer Senf
2 EL Tamari (japanische Sojasauce)
2 EL Reisessig

FOLIENKARTOFFELN MIT KRÄUTER-LABNEH

Für 4 Personen

4 große Kartoffeln, ungeschält und gewaschen

KRÄUTER-LABNEH
125 g Labneh (siehe Einleitungstext S. 129)
1 EL fein gehackter Schnittlauch
1 EL fein gehackte Petersilie
1 EL fein gehackte Minze

Ihr müsst Labneh unbedingt probieren – wirklich! Verwendet ihn ruhig als Ersatz für alle möglichen anderen Zutaten. Zum Beispiel in Dips anstelle von Crème fraîche oder Schmand. Ihr könnt ihn anstelle von Hummus servieren oder wie Joghurt weiterverarbeiten – im Grunde genommen handelt es sich ja um eine Art Joghurt. Und bei der Zubereitung von Süßspeisen wie NY-Cheesecake könnt ihr sogar Ricotta oder Frischkäse durch Labneh ersetzen.

Alle Zutaten für den Kräuter-Labneh in eine Schüssel geben und gleichmäßig vermengen. Bis zum Servieren abgedeckt bei Zimmertemperatur beiseitestellen oder zunächst im Kühlschrank aufbewahren.

Die Hotplate auf mittelhohe Temperatur vorheizen.

Die Kartoffeln jeweils in Alufolie wickeln und auf die Hotplate legen. Den Deckel des Grills schließen. Alternativ die Kartoffeln mit einer Edelstahlschüssel oder einem tiefen Backblech abdecken. Unter mehrmaligem Wenden 1 Stunde grillen, bis die Kartoffeln gar sind. Ihr könnt mit der Grillzange leicht auf die Päckchen drücken, die Kartoffeln sind so weit, wenn sie sich etwas weich anfühlen.

Die Folienkartoffeln von der Hotplate nehmen und in der Folie 10–15 Minuten ruhen lassen. (Zum Warmhalten könnt ihr sie auf den Deckel des Grills legen.)

Die Päckchen öffnen und die Kartoffeln mit dem Pfannenwender leicht andrücken, sodass die Schale oben aufplatzt. Den Kräuter-Labneh auf den Kartoffeln verteilen und warm servieren.

148

GRÜNER SPARGEL VOM GRILL MIT DILL-SENF-DIP

Dieses Rezept ist im Grunde nichts Neues. Frisches, saisonales Gemüse – in diesem Fall Spargel – wird gegrillt und dann mit feinen Kräutern kombiniert. Kauft Spargel auf jeden Fall, wenn er Saison hat und nicht um die halbe Welt geflogen worden ist. Das ist doch irgendwie verrückt.

Den Grill auf hohe Temperatur vorheizen.

In einer kleinen Schüssel alle Zutaten für den Dill-Senf-Dip gut vermischen. Beiseitestellen.

Die unteren, holzigen Enden der Spargelstangen abschneiden und entsorgen. Die Spargelstangen in einer großen Schüssel in Olivenöl und Salz schwenken.

Die Spargelstangen mit Hilfe der Grillzange auf dem Grillrost verteilen, sodass sie sich nicht überlappen. Unter häufigem Wenden 6–8 Minuten garen, bis sie zart und stellenweise leicht gebräunt sind.

Den Dill-Serf-Dip auf einem großen Servierteller verteilen. Die gegrillten Spargelstangen darauf arrangieren. Mit nativem Olivenöl beträufeln und dann sofort servieren.

24 dünne Stangen grüner Spargel
1 EL mildes Olivenöl
½ TL Meersalz

DILL-SENF-DIP
250 g Crème fraîche
2 EL Mayonnaise von guter Qualität
2 TL Dijon-Senf
2 EL fein gehackter Dill
2 EL fein gehackte glatte Petersilie
1 EL Zitronensaft

AUSSERDEM
Natives Olivenöl zum Beträufeln

MIGAS MIT TOMATENSALAT

Für 4 Personen

60 ml Milch
4 Scheiben Ciabatta
3 Tomaten, grob gehackt
2 EL Rotweinessig
1 kleine Knoblauchzehe,
   zerdrückt
1 kleine Handvoll glatte
   Petersilie, grob gehackt
Meersalz
Frisch gemahlener schwarzer
   Pfeffer

AUSSERDEM
Olivenöl für die Hotplate

In der spanischen, portugiesischen und mexikanischen Küche wird altbackenes Brot verwendet, um das sogenannte Migas zuzubereiten. Manchmal wird es dafür zunächst in einer Mischung aus Milch und Wasser eingeweicht und dann frittiert. Sehr lecker, für Barbecues aber ungeeignet. In meiner Version wird das eingeweichte Brot daher auf der Hotplate gegrillt – eine praktische und sogar ein klein wenig gesündere Alternative.

Die Hotplate auf hohe Temperatur vorheizen.

Die Milch in einer Schüssel mit 60 ml Wasser verrühren. Die einzelnen Brotscheiben je 1 Minute darin einweichen, dann vorsichtig so viel Flüssigkeit wie möglich aus ihnen ausdrücken. Die Hotplate großzügig mit Olivenöl fetten und das Brot darauf von beiden Seiten jeweils ein paar Minuten grillen, bis es goldbraun und am Rand knusprig ist.

Die gegrillten Brotscheiben von der Hotplate nehmen und kurz abkühlen lassen, anschließend mit den Händen in kleinere Stücke reißen und in eine Schüssel geben. Tomaten, Essig, Knoblauch und Petersilie darauf verteilen, nach Belieben mit Salz und frisch gemahlenem schwarzem Pfeffer würzen. Vorsichtig schwenken, um die einzelnen Bestandteile gut zu vermischen.

Warm servieren.

**GRILL IT!
VEGETARISCH**

SÜSSKARTOFFELN AUS DER FOLIE MIT FETACREME

Süßkartoffeln können ebenso wie herkömmliche Kartoffeln in Folie gewickelt auf dem Grill gegart werden. Innen werden sie dann locker und zart, außen ein klein wenig knusprig und angenehm süß.

Den Feta mit Knoblauch, Dill und Olivenöl in der Küchenmaschine zu einer glatten Masse pürieren. Bei laufender Maschine die Milch langsam zugießen, bis eine dickflüssige Creme entsteht, dann beiseitestellen.

Die spitzen Enden der Süßkartoffel abschneiden und die Kartoffel dann in 4 gleich große Stücke schneiden.

Die Hotplate auf mittelhohe Temperatur vorheizen.

4 Stücke Alufolie vorbereiten und die Kartoffelstücke jeweils mittig daraufsetzen. Jeweils 1 TL Olivenöl darüberträufeln und dann mit Salz bestreuen. Jede Portion locker in der Folie einwickeln und die Päckchen auf die Hotplate setzen.

Wenn vorhanden, den Deckel des Grills verschließen. Alternativ die Päckchen mit einem umgekehrten tiefen Backblech abdecken. 45 Minuten garen, bis die Süßkartoffeln zart sind. Dabei häufig wenden.

Die Süßkartoffelpäckchen öffnen und den cremigen Feta auf das heiße Fruchtfleisch geben.

1 große Süßkartoffel, geschält
80 ml Olivenöl
1 TL Meersalz

FETACREME MIT DILL
100 g weicher Feta, zerbröselt
1 Knoblauchzehe, zerdrückt
3 EL gehackter Dill
2 EL Olivenöl
2 EL Milch

153

BEILAGEN & SALATE

GEGRILLTER CHICORÉE MIT PETERSILIE, ZITRONE & PECORINO

Für 4 Personen

8 Köpfe Chicorée, längs halbiert
1 TL Meersalz
1 Handvoll glatte Petersilie, die
    Blätter grob gehackt
2 EL Zitronensaft
2 EL fein geriebener Pecorino
Frisch gemahlener schwarzer
    Pfeffer

AUSSERDEM
Mildes Olivenöl für die Hotplate

Dieses Rezept ist eine Hommage an die einfache, rustikale Küche Italiens. Es braucht nur eine frische Zutat, mit der man nicht viel anstellt. Hier wird der Chicorée einfach gegrillt, bis er goldbraun und süßlich ist. Dazu serviert man ein paar Kräuter, Zitronensaft und salzigen Käse. Lecker!

Die Hotplate auf mittelhohe Temperatur vorheizen und leicht mit Olivenöl fetten.

Den Chicorée mit der Schnittseite nach unten auf die Hotplate legen. 5 Minuten grillen, bis die Unterseite goldbraun ist. Dann wenden und weitere 5 Minuten grillen, bis der Chicorée zart ist.

Den heißen Chicorée zusammen mit den restlichen Zutaten in eine große Schüssel geben. Mit frisch gemahlenem schwarzem Pfeffer abschmecken und schwenken, um alles gut zu vermischen.

Warm servieren.

**GRILL IT!
VEGETARISCH**

BROTE

Für Barbecues backe ich am liebsten Brote, die sich gut teilen lassen. O. k., fast alle Brote lassen sich als Symbol des Teilens brechen. Aber für eine Grillparty sind mir solche Brote am liebsten, von denen man wortwörtlich Stücke abreißen oder abbrechen muss, um es zu teilen. Also Herumreich-Brot. Breche-es-mit-den-Händen-Brot. Ich-will-leckere-Sauce-auftunken-Brot.

Der Vorteil solcher Brote ist auch, dass man weder Messer noch Schneidebrett benötigt. Man muss bei einem Barbecue ja ohnehin schon an tausend Dinge denken.

Inspiration für Rezepte finde ich in den Küchen Asiens, Nordafrikas, des Mittelmeerraums und des Nahen Ostens. In diesen Regionen werden nicht nur Fladenbrote gebacken, sondern auch viele Brote in der Pfanne oder auf dem Grill zubereitet. Sie sind weder besonders aufwendig noch zeitintensiv. Man braucht nicht einmal viel Erfahrung mit dem Backen von Brot. Schließlich wurden die Rezepte nicht von Handwerksbäckern und Profiköchen überliefert, sondern von einfachen Familien, die sich mit wenigen Zutaten und nur mit Hilfe ihrer Hände und einem einfachen Ofen daranmachten, ihren Hunger zu stillen.

Abgesehen von der einfachen Zubereitung dieser Brote, finde ich die Vorstellung faszinierend, etwas zu essen, das zur gleichen Zeit an einem ganz anderen Ort dieser Welt ebenso genossen wird.

Mit herkömmlichen Zutaten vom Supermarkt an der Ecke könnt ihr Brote backen, die ansonsten auf den Piazzas Siziliens angeboten werden, auf den Märkten Marrakeschs, in den Tapas-Bars in Spanien oder indischen Dhabas. Brot ist eine ziemlich universale Sache. Es lässt sich wunderbar teilen und vor allem hervorragend auf dem Grill backen.

PALERMO FOCACCIA

Ergibt 1 Laib

3 TL Trockenhefe
450 g Mehl (Type 550 oder
    italienisches Mehl der
    Type 00)
2 EL Olivenöl, plus etwas extra
    zum Bestreichen
Grobe Polenta zum Bestäuben
½ TL Meersalz
60 g passierte Tomaten
1 TL getrockneter Oregano

AUSSERDEM
Natives Olivenöl zum Servieren
Meersalz zum Servieren

Von den Märkten der sizilianischen Hauptstadt ist Focaccia nicht wegzudenken. Manchmal wird der Teig vor dem Backen mit Anchovis gespickt oder das Brot wird dick mit frischem Ricotta bestrichen. Dann sieht die Focaccia fast aus wie ein Kuchen mit dicker Glasur. Dabei ist sie wunderbar herzhaft.

60 ml warmes Wasser in eine kleine Schüssel geben. Die Hefe und 1 Esslöffel des Mehls zügig mit dem Schneebesen untermischen. Dabei können ruhig Klümpchen zurückbleiben. Mit Frischhaltefolie abdecken und an einem warmen Ort 10–15 Minuten gehen lassen, bis sich Blasen an der Oberfläche bilden.

Eine runde Auflaufform aus Metall oder eine Kuchenform mit Olivenöl fetten – meine Form hat einen Durchmesser von 23 cm und ist 5 cm tief. Den Boden und die Seiten mit Polenta bestäuben.

Das restliche Mehl in die Schüssel der Küchenmaschine geben und das Salz untermengen. Die Hefe-Mischung, das Olivenöl und 250 ml warmes Wasser hinzufügen und das Ganze 10 Minuten kneten, bis ein glatter und elastischer Teig entstanden ist. In die vorbereitete Form füllen, mit leicht bemehlten Händen vorsichtig andrücken und den Teig gleichmäßig verteilen. Dabei mit den Fingern mehrere Mulden in die Oberfläche drücken.

Die passierten Tomaten darauf verteilen und den Oregano darüberstreuen. An einem warmen Ort ca. 1 Stunde abgedeckt gehen lassen, bis sich das Volumen deutlich vergrößert hat.

Den Grill bei geschlossenem Deckel (wenn vorhanden) auf mittelhohe Temperatur vorheizen. Die Form mittig auf den Grillrost stellen und den Deckel schließen oder die Focaccia mit einer Edelstahlschüssel abdecken. 15–18 Minuten backen, bis die Focaccia am Rand goldbraun und die Oberfläche recht trocken ist. (Wird das Brot unter einer Edelstahlschüssel gebacken, dauert es eventuell etwas länger.)

Warm servieren. Olivenöl zum Tunken und Meersalz zum Bestreuen dazu reichen.

PITABROTE

Ich weiß nicht genau, wie es funktioniert, aber die Brote blähen sich beim Backen auf. Wenn sie abgekühlt sind, können sie aufgeschnitten und gefüllt werden. Besonders lecker schmecken sie mit Falafeln, Hummus, eingelegtem Gemüse und frischem Tsatsiki.

2 ½ TL Trockenhefe
1 TL Zucker
500 g Mehl (Type 550 oder 00), plus etwas extra zum Bestäuben
2 TL Meersalz

60 ml warmes Wasser in eine kleine Schüssel geben. Die Hefe und den Zucker zügig mit dem Schneebesen untermischen. Dabei können ruhig Klümpchen zurückbleiben. Mit Frischhaltefolie abdecken und an einem warmen, zugfreien Ort 10–15 Minuten gehen lassen, bis sich Blasen an der Oberfläche bilden.

Mehl und Salz in einer großen Schüssel vermischen. Die Hefe-Mischung und 250 ml warmes Wasser hinzufügen und das Ganze mit einer Hand zu einem Teig verarbeiten. Auf die leicht bemehlte Arbeitsfläche geben und 15 Minuten zu einem glatten Teig kneten.

Den Teig in 8 gleich große Stücke teilen und diese zu Kugeln formen. Ein Backblech mit Backpapier auslegen und leicht mit Mehl bestäuben. Die Kugeln jeweils zu Kreisen mit 12–15 cm Durchmesser ausrollen und dann auf das vorbereitete Blech legen. Mit einem sauberen Küchentuch abdecken und an einem warmen Ort etwa 1 Stunde gehen lassen, bis die Fladen sich leicht vergrößert haben und sehr weich sind.

Die Hotplate auf hohe Temperatur vorheizen. Den Deckel des Grills schließen und warten, bis er richtig heiß ist.

Die Teigfladen auf den heißen Deckel legen (eventuell muss das in mehreren Etappen geschehen) und dort 10 Minuten erhitzen. Währenddessen trocknet ihre Oberfläche an und sie blähen sich noch ein wenig auf. Wenden und auf ein mit Backpapier ausgelegtes Backblech legen. Einen Gitterrost auf die Hotplate stellen, darauf das Blech mit den Teigfladen legen. Bei geschlossenem Deckel 8–10 Minuten backen, bis die Fladenbrote noch weiter aufgebläht und goldbraun sind. Die Luft im Inneren der Brote ist zunächst noch glühend heiß, daher sollten sie vor dem Servieren etwas abkühlen.

FLACHBROTE MIT PANEER & GRÜNEM CHILI

Ergibt 8 Stück

300 g Mehl (Type 405), plus
   etwas extra zum Bestäuben
½ TL Meersalz
1 TL Zucker
½ TL Natron
330 g Naturjoghurt
2 EL Reiskeimöl

**FÜLLUNG MIT PANEER &
GRÜNEM CHILI**
1 kleine rote Zwiebel, fein
   gehackt
2 lange grüne Chilischoten, in
   feine Ringe geschnitten
2 EL fein gehackter Koriander
   (Blätter und Stängel)
100 g Paneer (indischer
   Frischkäse, siehe
   Hinweis S. 75), grob gerieben

AUSSERDEM
Etwas Öl zum Bestreichen
Einige Korianderblätter zum
   Garnieren
Zitronenspalten zum Servieren

Bei diesem indischen Brot handelt es sich um eine Art Kulcha, ähnlich dem Naan, das mit Natron anstelle von Hefe zubereitet wird. Ebenso wie Naan kann Kulcha nach Belieben gefüllt oder einfach so gegessen werden.

Mehl, Salz, Zucker und Natron in einer großen Schüssel vermischen. Eine Mulde in die Mitte drücken. Den Joghurt hineingeben und das Ganze zu einem feuchten Teig zusammenfügen.

Erneut eine Mulde in den Teig drücken, das Öl hineingießen und einarbeiten, bis der Teig glatt und geschmeidig ist und eine glänzende Oberfläche hat. Mit Frischhaltefolie abdecken und den Teig 30 Minuten ruhen lassen.

Inzwischen die Zutaten für die Füllung in einer mittelgroßen Schüssel gut vermengen.

Den Teig zu 8 etwa golfballgroßen Kugeln formen. Auf einer leicht bemehlten Arbeitsfläche zu Kreisen mit etwa 10 cm Durchmesser ausrollen. Auf die Mitte jedes Fladens je ein Achtel der Käsefüllung geben, den Teig darüber einschlagen und die Ränder gut zusammendrücken.

Die gefüllten Fladen auf der leicht bemehlten Arbeitsfläche erneut ausrollen, nicht dicker als 5 mm. Auf ein leicht mit Öl bestrichenes Backpapier legen, mit Frischhaltefolie abdecken und 30 Minuten ruhen lassen, bis sie leicht aufgegangen sind.

Die Hotplate auf hohe Temperatur vorheizen. Den Deckel verschließen, damit der Grill arbeitet wie ein Ofen.

Das Backpapier mit den Flachbroten vorsichtig hochnehmen und auf die heiße Hotplate legen. Die Fladen bei geschlossenem Deckel von jeder Seite 3–4 Minuten goldbraun backen.

Mit Korianderblättern garnieren und noch heiß mit Zitronenspalten servieren.

PERSISCHES FLADENBROT

Ergibt 2 Laibe

½ TL Zucker
2 TL Trockenhefe
485 g Mehl (Type 405), plus
    etwas extra zum Bestäuben
1 TL Meersalz
1 TL Natron
Grobe Polenta zum Bestäuben
2 EL Sesamsamen

GLASUR
½ TL Mehl (Type 405)
½ TL Natron

Kein Brot wird im Iran häufiger gegessen. Typisch für das sogenannte Barbari sind die parallelen Rillen und natürlich die leckere Kruste, die entsteht, indem man die Brote vor dem Backen mit einer Paste aus Mehl, Natron und Wasser bepinselt.

Zucker, Hefe und 60 ml warmes Wasser in einer kleinen Schüssel verrühren. Abgedeckt an einem warmen, zugfreien Ort 10–15 Minuten gehen lassen, bis sich Blasen an der Oberfläche bilden.

In einer großen Schüssel Mehl, Salz und Natron vermengen. Die Hefe-Mischung und 310 ml warmes Wasser hinzufügen und alles zu einem klebrigen Teig verarbeiten. Auf der leicht bemehlten Arbeitsfläche in ca. 15 Minuten zu einem glatten Teig kneten.

Den Teig halbieren. 2 große Lagen Backpapier à ca. 40 cm Länge auf der Arbeitsfläche ausbreiten und mit Polenta bestäuben. Je eine Portion Teig auf das Backpapier setzen und zu einem Rechteck formen, nicht dicker als 1 cm. Locker mit einem sauberen Küchentuch abdecken und 1 Stunde ruhen lassen.

Die Zutaten für die Glasur in einem kleinen Topf mit 80 ml Wasser vermischen. Bei mäßiger Hitze aufkochen und 1–2 Minuten köcheln lassen, bis die Flüssigkeit angedickt und trüb ist. Abkühlen lassen.

Die Hotplate auf hohe Temperatur vorheizen. Einen Gitterrost auf die Hotplate legen und den Deckel des Grills schließen.

Die Oberfläche der beiden Teiglinge mit der dickflüssigen Glasur bestreichen. Mit den Fingern im Abstand von 2 cm mehrere parallele Linien längs in die Teigoberfläche drücken. Mit Sesamsamen bestreuen. Eines der Laibe mit dem Backpapier anheben und auf ein Backblech legen. Auf den Gitterrost stellen und den Deckel schließen. Die Hitze auf eine mittelhohe Temperatur reduzieren und das Brot 10–15 Minuten backen, bis die Unterseite schön braun und die Oberseite goldbraun und trocken ist.

Den zweiten Laib auf die gleiche Art und Weise backen. Heiß servieren.

**GRILL IT!
VEGETARISCH**

AFGHANISCHES FLADENBROT

Ergibt 2 Stück

Diese Brote sind groß, rustikal und einfach zuzubereiten. Im Grunde genommen handelt es sich um eine afghanische Version des Naan, die nach Belieben aber größer und dünner zubereitet werden kann als die indischen Brote.

1 EL Trockenhefe
750 g Mehl (Type 405), plus
    etwas extra zum Bestäuben
75 g Zucker
1 EL Meersalz
60 ml Reiskeimöl oder
    Traubenkernöl, plus etwas
    extra zum Bestreichen

Hefe und 60 ml warmes Wasser in einer kleinen Schüssel verrühren. Abgedeckt an einem warmen, zugfreien Ort 10–15 Minuten gehen lassen, bis sich an der Oberfläche Blasen bilden.

Mehl, Zucker und Salz in der Schüssel einer Küchenmaschine vermengen. Langsam kneten und bei laufender Maschine die Hefe-Mischung zugießen sowie 750 ml warmes Wasser und schließlich das Öl. Die Masse 10 Minuten zu einem glatten, geschmeidigen Teig kneten. (Alternativ kann der Teig auch per Hand 10 Minuten auf der sauberen Arbeitsfläche geknetet werden, nachdem die Zutaten in einer Schüssel vermischt wurden.)

Den Teig in eine große, leicht mit Öl gefettete Schüssel geben. Mit Frischhaltefolie abdecken und etwa 1 Stunde gehen lassen, bis sich das Volumen des Teigs verdoppelt hat und weich aussieht.

Den Teig in 2 gleich große Portionen teilen und diese jeweils auf der gut bemehlten Arbeitsfläche zu runden Fladen à 20 cm Durchmesser ausrollen. Die Teigfladen auf je eine Lage leicht gefettetes Backpapier legen, dann mit den Fingern viele kleine Mulden in die Oberfläche drücken.

Die Hotplate auf hohe Temperatur vorheizen. Einen Gitterrost auf die Hotplate stellen. Einen Fladen mitsamt Backpapier darauflegen. Den Deckel des Grills schließen. (Wenn euer Grill keinen Deckel hat, benutzt stattdessen einfach ein umgedrehtes tiefes Backblech.) 10–15 Minuten backen, bis das Brot goldbraun ist. Ein klein wenig Öl auf die Oberfläche pinseln, wenden und bei geschlossenem Deckel (oder abgedeckt) weitere 5 Minuten backen, damit es von beiden Seiten goldbraun ist.

Den zweiten Teigfladen ebenso backen. Warm servieren.

GEGRILLTE FLADENBROTE MIT GRÜNEN OLIVEN

Ergibt 4 Stück

Zu diesen hefefreien Broten hat mich Barbara Tropp inspiriert, eine wirklich leidenschaftliche Köchin. Bei der Zubereitung des Teigs wird sowohl heißes als auch kaltes Wasser verwendet. Dadurch bekommen die Fladen eine blätterteigähnliche Konsistenz.

Die Zutaten für die Olivenpaste zu einer homogenen Masse pürieren. In eine kleine Schüssel füllen und beiseitestellen.

Mehl und Backpulver in der Schüssel einer Küchenmaschine vermengen. Bei laufender Maschine 80 ml kochend heißes Wasser zugießen, gefolgt von 80 ml kaltem Wasser. Sobald das Wasser untergemischt wurde, den Teig auf einer bemehlten Arbeitsfläche kurz durchkneten. Zu einer glatten Kugel formen, in eine saubere Schüssel geben, mit Frischhaltefolie abdecken und bei Zimmertemperatur 30 Minuten ruhen lassen.

Anschließend vierteln. Die Teiglinge auf der leicht bemehlten Arbeitsfläche jeweils zu einem runden Fladen à 20–25 cm Durchmesser ausrollen, den übrigen Teig währenddessen abgedeckt lassen. Ein Viertel der Olivenpaste auf dem Fladen verstreichen und aufrollen. Diese Rolle zu einer Schnecke legen, das Teigende unter den Rand schieben. Mit den übrigen Teiglingen und der restlichen Olivenpaste ebenso verfahren. Die Schnecken mit einem bemehlten Nudelholz zu runden Fladen à 15 cm Durchmesser ausrollen.

Die Hotplate auf mittelhohe Temperatur vorheizen. (Wenn ihr das Brot auf dem Grillrost garen wollt, dann müsst ihr die Fladen zunächst tiefkühlen, bis sie fest sind. Mit Öl beträufeln und einen der Fladen auf die Hotplate legen. Von jeder Seite 3–5 Minuten goldbraun braten und dabei jede Minute wenden, bis der Fladen leicht aufgegangen ist. Die übrigen Fladen auf die gleiche Art und Weise garen. Heiß servieren.

300 g Mehl (Type 405), plus etwas extra zum Bestäuben
2 TL Backpulver

PASTE VON GRÜNEN OLIVEN
60 ml Olivenöl
1 TL Meersalz
50 g große, grüne Sizilianische Oliven, entsteint
1 Knoblauchzehe
15 g glatte Petersilie, gehackt
15 g Frühlingszwiebeln, in feine Ringe geschnitten

AUSSERDEM
2 EL Reiskeimöl für die Hotplate

PIADINE MIT MANCHEGO-PETERSILIEN-FÜLLUNG

Für 4 Personen

450 g Mehl (Type 405), plus
    etwas extra zum Bestäuben
2 TL Meersalz
2 EL Sherry-Essig
60 ml natives Olivenöl, plus
    etwas extra zum Bestreichen
150 g Manchego, grob gerieben
4 EL fein gehackte glatte
    Petersilie
1 kleine rote Zwiebel, in feine
    Ringe geschnitten

AUSSERDEM
Zitronenspalten zum Servieren

Bei Piadina handelt es sich um ein dünnes italienisches Fladenbrot, das ohne Backtriebmittel zubereitet wird. Zu seinem rustikalen Charakter passen am besten herzhafte Zutaten: Zwiebeln, Kräuter und Hartkäse.

Mehl und Salz in der Schüssel einer Küchenmaschine vermengen. Bei laufender Maschine Essig, Öl und 2–6 Esslöffel kaltes Wasser zugießen, sodass eine krümelige Masse entsteht.

Auf die leicht bemehlte Arbeitsfläche stürzen, mit den Händen zusammenfügen und in 8–10 Minuten zu einem glatten Teig kneten. In Frischhaltefolie wickeln und an einem warmen Ort ruhen lassen, während die Füllung zubereitet wird.

Käse, Petersilie und Zwiebel in einer Schüssel vermengen. Die Hotplate auf hohe Temperatur vorheizen.

Den Teig in 4 gleich große Stücke schneiden. Die einzelnen Portionen auf der bemehlten Arbeitsfläche zu Ovalen ausrollen, je ca. 40 cm lang und 15 cm breit. Die Oberfläche der Fladen mit Olivenöl bestreichen.

Die Käsemischung auf zwei der Fladen verteilen, die Ränder aussparen. Die beiden anderen Fladen auflegen, sodass eine Art Sandwich entsteht. Die Ränder fest zusammendrücken und nach innen falten, um die Piadine zu verschließen.

Nacheinander 4–5 Minuten auf der Hotplate braten, bis die Unterseite goldbraun ist. Dann wenden und auch von der anderen Seite in 3–4 Minuten goldbraun werden lassen.

In Tortenstücke oder beliebige Formen schneiden. Warm servieren, dazu Zitronenspalten reichen.

ECHTES KNOBLAUCHBROT

Für 1 Baguette

Ich nenne mein Knoblauchbrot „echtes" Knoblauchbrot, weil ich naturbelassene Zutaten verwende. Lasst es mich erklären: Die wenigen Male, die ich damals als Kind in den Siebzigern in schicken Restaurants essen war, wurde immer ganz besonders leckeres Knoblauchbrot serviert. Heutzutage wird es leider häufig mit Butterersatz und Knoblauchflocken hergestellt. Dabei ist echtes Knoblauchbrot so viel köstlicher. Es lässt sich gut vorbereiten und muss nur noch kurz auf dem Grill erwärmt werden.

1 Sauerteigbaguette, 25–30 cm lang

KNOBLAUCHBUTTER
6 Bio-Knoblauchzehen
1 EL Meersalz
3 EL fein gehackte glatte Petersilie
125 g zimmerwarme Bio-Butter

Für die Zubereitung der Knoblauchbutter die Knoblauchzehen auf ein Schneidebrett legen und das Salz darüberstreuen. Den Knoblauch nun mit einem großen Messer klein hacken. Zwischendurch immer wieder mit der Seite der Messerklinge auf den gehackten Knoblauch drücken, damit er seinen Geschmack abgibt. Knoblauch und Petersilie gleichmäßig unter die weiche Butter mischen.

Die Hotplate auf mittelhohe Temperatur vorheizen, einen Grillrost darauflegen.

Das Baguette in Abständen von 2–3 cm tief einschneiden. Die Knoblauchbutter gleichmäßig in die Einschnitte streichen. Das Brot vollständig in Alufolie wickeln, mit der flachen Seite nach unten auf den Rost legen und 8–10 Minuten erhitzen.

Sofort servieren.

173

DAMPER

Ergibt I Laib

---

300 g Mehl (Type 405), plus
etwas extra zum Bestäuben
3 TL Backpulver
1 TL Meersalz
125 ml Milch
Olivenöl zum Bestreichen

Dieses Brot ist typisch für die Küche des australischen Outbacks. Wie so viele gute Dinge entstand es aus der Not heraus, entwickelt von Viehtreibern auf ihren langen Reisen, zubereitet aus den einfachsten Zutaten. Trotzdem ist das Backen eines guten Dampers eine Kunst. Es braucht Übung, bis er perfekt gelingt, schmecken tut er immer.

Mehl, Backpulver und Salz in einer großen Schüssel vermengen, in der Mitte eine Mulde formen.

In einer separaten Schüssel die Milch mit 125 ml kochendem Wasser verrühren, in die Mulde gießen und mit einer Gabel rasch untermischen. Nach ein paar Sekunden die Zutaten mit einer Hand weiter vermengen. Der Teig wird sehr weich und feucht sein, sodass eventuell noch ein klein wenig mehr Mehl benötigt wird.

Die Masse auf die leicht bemehlte Arbeitsfläche geben, sobald sie nicht mehr an den Seiten der Schüssel klebt, und in ca. einer Minute zu einem glatten Teig kneten. Die Hände leicht mit etwas Öl fetten und den Teig zu einer gleichmäßigen Rolle formen, etwa 10 cm breit und 15 cm lang.

Ein großes Stück Folie auf der Arbeitsfläche ausbreiten und ein ähnlich großes Stück Backpapier darauflegen. Das Backpapier leicht mit Olivenöl fetten. Den Teig auf eine der Längsseiten des Papiers legen. Das Papier locker darumwickeln und die Seiten nach oben falten. Nun die Folie ebenfalls darumwickeln und verschließen. 30 Minuten ruhen lassen.

Den Grill auf mittlere Temperatur vorheizen. Den in Folie gepackten Teigling auf den Grill legen und 10 Minuten backen, dann wenden und weitere 10–13 Minuten backen. Fertig ist das Brot, wenn es rundherum goldbraun ist und ein hohles Geräusch zu hören ist, wenn man dagegenklopft.

Den Damper ein paar Minuten abkühlen lassen, dann in Scheiben schneiden und warm servieren.

**GRILL IT!
VEGETARISCH**

NAAN

Dieses indische Fladenbrot kann mit verschiedenen Zutaten aromatisiert werden, z.B. mit Nüssen, Trockenfrüchten oder Kräutern. Ich mag mein Naan allerdings am liebsten ohne alles.

1 TL Trockenhefe
300 g Mehl (Type 405), plus
    etwas extra zum Bestäuben
1 TL feinster Zucker
1 TL Meersalz
½ TL Backpulver
2 EL Reiskeimöl, plus etwas
    extra zum Beträufeln
70 g Naturjoghurt

In einem Messbecher oder einer Schüssel die Hefe mit 185 ml warmem Wasser verrühren. Einige Minuten beiseitestellen.

Mehl, Zucker, Salz und Backpulver in einer großen Schüssel vermischen. Öl und Joghurt hinzufügen und mit einer Hand untermengen. Dann die Hefe-Mischung zugießen und ebenfalls untermischen, sodass ein feuchter Teig entsteht.

Die Hände leicht mit Öl fetten und den Teig zu einer Kugel formen. Die Teigkugel in eine Schüssel legen, mit Frischhaltefolie abdecken und 3–4 Stunden gehen lassen, bis sich das Volumen des Teigs verdoppelt hat.

Die Hände erneut leicht mit Öl fetten und den Teig in 6 gleich große Portionen teilen. Die Teigstücke mit wenig Mehl bestäuben und dann auf der leicht bemehlten Arbeitsfläche jeweils in die Länge ziehen und so zu ca. 20 cm langen Ovalen formen.

Den Grill auf hohe Temperatur vorheizen. Ein Backblech mit schwerem Boden auf den Grillrost stellen und aufheizen. Dann mit etwas Olivenöl fetten.

Das heiße Blech mit einem Topflappen vom Grill nehmen. Vorsichtig 3 der Fladen auf das heiße Blech legen und mit einer breiten Messerklinge oder der Rückseite eines Löffels andrücken. Der Teig wird bereits auf dem heißen Blech etwas gebacken.

Das Blech zurück auf den Grill stellen und das Naan 4–5 Minuten braten, bis die Unterseiten knusprig und goldbraun sind und sich die Fladen leicht aufgebläht haben. Dann wenden und auch von der anderen Seite 2–3 Minuten goldbraun backen. Warm halten, während die 3 restlichen Fladen auf die gleiche Art und Weise gegart werden. Warm servieren.

MAISFLADEN VOM GRILL

Ergibt 4 Stück

//

150 g Mehl (Type 405)
2 TL Backpulver
¼ TL Paprikapulver (edelsüß),
    plus etwas extra zum
    Bestreuen
½ TL Meersalz
1 Ei, leicht verquirlt
185 ml Milch
125 g Creamed Corn (Maispüree,
    amerikanische Spezialität)
2 EL zerlassene Butter

AUSSERDEM
Pflanzenöl für die Hotplate
Mayonnaise guter Qualität zum
    Servieren
Frühlingszwiebeln, in feine Ringe
    geschnitten, zum Servieren

Diese Fladen sind eigentlich eine Art Pfannkuchen. Wenn man sie ganz flach zubereitet, kann man sie aber wie jedes andere weiche Flachbrot verwenden – zum Beispiel um Grillgemüse darin einzuwickeln oder um Dips, Saucen und Mayonnaise vom Teller aufzutunken. Oder man serviert sie einfach mit einem Spiegelei darauf und scharfen mexikanische Bohnen. Yummy!

Mehl, Backpulver, Paprikapulver und Salz in einer großen Schüssel vermischen und eine Mulde in die Mitte drücken.

In einer separaten Schüssel das Ei mit der Milch und dem Creamed Corn verrühren und in die Mulde gießen, Butter ebenfalls zufügen und das Ganze mit einer Gabel vermischen.

Die Hotplate auf mittelhohe Temperatur vorheizen und leicht mit Öl fetten.

Pro Fladen jeweils ca. 125 g der Masse mit etwas Abstand mit Hilfe einer Suppenkelle auf die Hotplate geben. Mit der Rückseite eines Löffels zu Kreisen von 12–15 cm Durchmesser verstreichen und 4–5 Minuten backen, bis sich an den Rändern Bläschen bilden.

Die Fladen nun wenden und in weiteren 2–3 Minuten auch von der anderen Seite goldbraun braten.

Auf einem Teller anrichten, einen Klecks Mayonnaise daraufgeben, mit Frühlingszwiebelringen und Paprikapulver bestreuen und warm servieren.

**GRILL IT!
VEGETARISCH**

REGISTER

180

**GRILL IT!
VEGETARISCH**

5 4 3 2 1 18 17 16 15 14
ISBN 978-3-88117-882-2

Text: © Ross Dobson 2013
Fotografie: © Nicky Ryan and Brett Stevens
Cover-Foto: Oliver Brachat
Übersetzung: Carla Gröppel-Wegener
Redaktion: Lisa Frischemeier
Satz: FSM Premedia GmbH & Co. KG
© 2014 Hölker Verlag
im Coppenrath Verlag GmbH & Ko. KG,
Hafenweg 30, 48155 Münster, Germany

www.hoelker-verlag.de

Die Originalausgabe ist unter dem Titel „Fired Up Vegetarian" 2013 bei Murdoch Books erschienen.

Murdoch Books Australia
83 Alexander Street
Crows Nest NSW 2065
Phone: +61 (0) 2 8425 0100
Fax: +61 (0) 2 9906 2218
www.murdochbooks.com.au
info@murdochbooks.com.au

Murdoch Books UK
Erico House, 6th Floor
93–99 Upper Richmond Road
Putney, London SW15 2TG
Phone: +44 (0) 20 8785 5995
Fax: +44 (0) 20 8785 5985
www.murdochbooks.co.uk
info@murdochbooks.co.uk

HINWEISE ZU BACKÖFEN: Die Garzeiten sind abhängig vom Backofen. Bei Umluftöfen sollte die Temperatur im Allgemeinen um 20 °C gegenüber der Temperaturangabe des Rezepts reduziert werden.

MENGENANGABEN: Wir legen unseren Mengenangaben einen Esslöffel mit 20 ml Fassungsvermögen zugrunde, er entspricht 4 Teelöffeln. Werden Esslöffel mit 15 ml Fassungsvermögen verwendet, muss für jeden hier angegebenen Esslöffel noch ein Teelöffel der entsprechenden Zutat hinzugefügt werden.